書下ろし

# 生き残ってました。

―主婦まんが家のオタオタ震災体験記―

ひが 栞《しおり》

祥伝社黄金文庫

# 本書の登場人物

**私＝ひが 栞《しおり》**

北海道生まれ。宮城県塩釜《しおがま》市在住のまんが家。小心者。自宅で長女と昼食前、被災した。

**長女**

中学3年生。音楽好きでめったに驚かない。震災時は卒業式から帰宅したばかりだった。

**次女**

小学6年生。ゲームとテレビが大好きで、怖がり。震災時は教室で授業中、自宅にいなかった。

**夫**

北海道生まれ。航海士。1年のうち60日しか自宅にいない。船上のテレビ報道で震災を知る。

# 目次



## 1章 地震発生

2章

# 避難所

## 3章 帰宅

4章

# 被災地

## 5章 傷跡と希望

装幀……盛川和洋

本書は、祥伝社黄金文庫のために書下ろされました。

# 1章 地震発生

2011年3月9日(水)

〜

3月11日(金)

# 01 予兆

二〇一一年は、年明けから地震の多い年でした。三月に入ると週に3回以上起きることも。しかし、その頃には「地震」にすっかり慣れてしまい……。

二〇一一年三月九日。2児の母でまんが家の私は、長女の高校受験を終え、ほっとしていました。仙台市から電車で30分、私の住む塩釜市は松島《まつしま》に近い小さな港町です。

「今月は、休んでいたブログを再開して、東京の出版社にも行かなきゃ。月末は、カルチャースクールの『春休みマンガ・イラスト講座』もあるし。チラシのイラストは、直接石巻《いしのまき》まで持参して担当さんに挨拶《あいさつ》しようかな」

「十一日の金曜日」

カレンダーに「講座」と書いてから、「違う」と気づきました。

「十一日は、長女の中学校の卒業式か……」

この日、もしもカレンダーどおりに石巻市に行っていたら、巨大津波の被害に遭《あ》い、私の命はなかったかもしれません。

中3の長女は、春休み直前で、友だちとカラオケなど遊びに行く予定がいっぱいでした。小6の次女は、卒業式に着る今流行の女子高生風スーツを楽しみにしていました。

そして航海士の夫は、休暇を終えたばかり。五月まで瀬戸内海上でした。離れていても、家族は元気で不安のない平和な日々を送っていました。

震災が来るまでは……。

「最近、地震が多い」

ゆらり。部屋干しにしている洗濯物が揺れ、グラグラ……軽く揺れては止まる。テレビ、ラジオなどで報道されないほどの小さな地震。震度2か大きくて3。昨日も来た、と夜中に心細くなる時がありました。

「今年中に地震来るってよ」

情報通の友人の言葉を聞き流していました。

「私はね、経験者だからね」

宮城県沖地震（一九七八年）で被災した年配のKさんは、深刻でした。

「また始まった」

お年寄りによくある同じ話の繰り返しや噂話《うわさばなし》、と笑っていました。〝ノストラダムスの大予言〟と似たような寓話《ぐうわ》と決めつけていたのです。

そして三月十一日。

早朝、アパートの裏で、鳥たちがピイピイピイと異様に鳴き騒いでいました。

（こんなに騒ぐなんてはじめてだ）

ふと空を見上げると雲が重く、空気が黄土色にゆがんでいるような気がしました。

春先だというのに、吐《は》く息が白くなる真冬の寒さ。午後からは、傘もさせないほどの横殴《よこなぐ》りの猛吹雪。

（これって、異常気象？）

天変地異の前触れでした。

## 地震の教訓01　天災は忘れた頃にやって来る

# 02
# 地震発生

それは、今まで経験したことがない強烈な揺れでした。飛行機の滑走音よりも大きく、大地が割れるような音が響く。背筋が凍《こお》る瞬間でした。

三月十一日は、長女の卒業式。中学校の体育館でしめやかに式が行なわれました。卒業式から帰宅し、制服のままの娘とあれこれと話し、気がつくと午後2時半を過ぎていました。

「お昼はなんにするの？」

しゃべり疲れた長女が、コンビニの袋を覗《のぞ》きました。

「今日は疲れたから『一平《いっぺい》ちゃん』だよ」

長女は、カップ焼きそばをテーブルの上に広げ、箸《はし》を出していました。私は、黒いスーツからセーターに着替えて、座布団に腰を下ろしました。

（ちょっと遅い昼ごはんになっちゃったかな）

グラー　ゴゴゴゴ　ギギギギ。

午後2時46分。最大震度7、マグニチュード9・0。

阪神・淡路大震災以来の巨大地震が発生しました。強い揺れとともに、地の底から湧き上がる大きな音。

（地震!?）私と娘は、思わず立ち上がり、目を合わせました。視界が大きく揺れ、異常な事態が起きたことがわかりました。

ズゴゴゴゴ　ゴゴゴゴゴ　グラグラグラグラ。

8階建て鉄筋コンクリートの建物そのものの揺れる音が体に響きます。

ドシャン！　ガシャン！　ガラガラー。

次々と物が倒れ、ベランダの窓が全開になりました。

「つっ、机の下にもぐって！」

あわてて居間の仕事机の下に、娘と一緒にもぐります。イスが倒れ、机の引き出しが全部出て、机の上からバラバラと仕事道具やファクス機、時計が落ちていくのが見えます。ユッサユッサと机ごと揺れていました。

（強い）

（壁も床も揺れている……怖い）

グラグラ　グラグラ　ゴゴゴゴゴ。

どこかにつかまらなければ、体を支えることができないほどの強い揺れ。狭い机の下で娘は奥、私は手前で、机の脚《あし》に必死につかまり震えていました。ドオンと隣家で大きな音が聞こえ、キャーと近所の人の叫ぶ声が聞こえました。

ガチャーン　バーン　ビシャー。

台所で、鍋や食器が割れる音がして、水音もしました。娘の顔を見ると、明るく物事に動じない子が青ざめて泣いていました。

ゴゴゴゴゴ　ギギギギギ。

恐怖で体が固まり、声さえ出すことができません。

（神様……）

天に祈り、下唇を強く噛《か》んで歯を食いしばりました。気を失えば、そのまま死ぬかもしれない、と思ったからです。


「あの時、何がいちばん怖かった？」最近になって長女に聞くと、

「机の横にある2メートルの食器棚が倒れてくるかもと思って、怖かった」

彼女は、震災翌日から、自分の部屋で勉強机の下にもぐるようになりました。

**地震の教訓02**　地震が発生したら、すぐ机の下にもぐり、身を守る

# 03 閉じ込められて

ようやく最初の大きな揺れがおさまり(この間20分ほど)、居間を見ると、開いていたはずのドアが閉まっている！

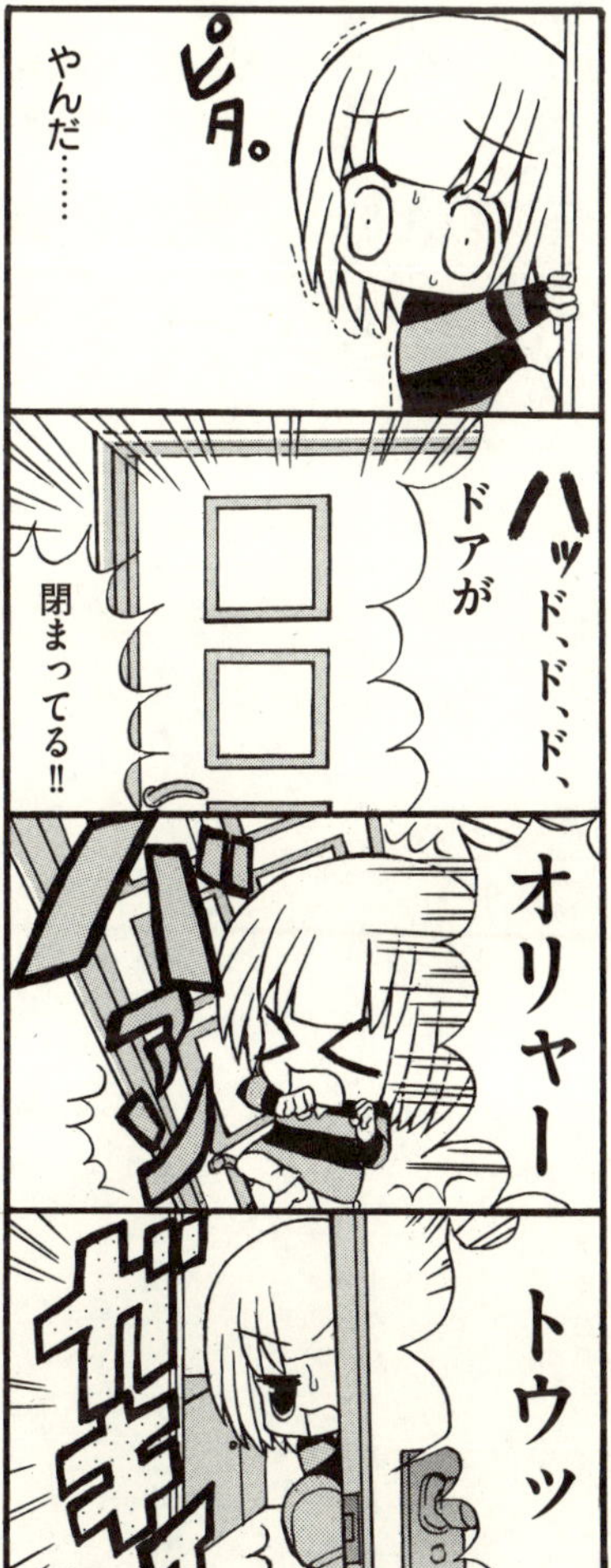
ピタ。
やんだ……
ハッド、ド、ド、
ドアが
閉まってる!!
オリャー
バアン
トウッ
ガキィ

キシ……。

（揺れが止まった？）

怖くて床ばかり見ていた私は、ようやく目線を静かに上げました。すると、居間のドアが閉まっていました。

（あっ、たいへんだ！）

一九九五年の阪神・淡路大震災の時、「震災で机の下にもぐっているうちに閉じ込められてしまった」と書かれたエッセイを思い出したのです。

ゴゴゴゴゴ。

また揺れが始まりました。

（強くならないうちに！）

机の下から急いで出て振り向くと、居間はメチャクチャでした。32型アナログテレビがテレビ台から落ちてひっくり返り、電気スタンド、鏡、鉢《はち》植え、棚、洗濯物、あらゆる物が散乱して、足の踏み場もありません。

除湿機から水が畳にあふれ、ベランダでは転倒したポリタンクから灯油が流れ出ていました。
(どうしよう)
ギゴ……。
また、揺れの始まる気配がしました。
(ダメだ、逃げなきゃ)
カチャカチャカチャ。
ドアの取手は、音を立て上下するだけで動きません。
(えっ⁉)
動揺した私は、手の震えが止まらず、力不足でドアが開かないのです。
(開かない?)
額に冷や汗がびっしりと出てきました。

ゴゴゴゴゴ　ゴゴゴゴゴ。
(開け!)
持てる力をふりしぼり、涙目で体全体をドアにぶつけました。すると、バアンと音を立てて居間のドアが開き、急いで廊下を走りました。

(外に、外に脱出しなければ!)

「どこに行くのー?」

長女の叫ぶ声を背中で聞きました。

「玄関。今開ける!」

(避難だ!)


震災から1年近く経った今でも、強い余震の時は、近所中で「バン! バン!」と玄関ドアのストッパーを下ろす音がします。

**地震の教訓03　揺れがおさまったら、脱出のための出口を確保**

# 04 避難

玄関ドアを開けて出口を確保して、避難準備のために再《ふたた》び家の中に戻る。散乱した部屋に動揺したが、思いつくのは「防寒」。必要な物は？

ズズズズ　ゴゴゴゴ。

（これは、避難所に行かなければいけない規模の地震だ）

開け放たれたベランダと玄関ドアから猛吹雪が見え、冷気が走ります。

（避難所？）

阪神・淡路大震災時に報道された避難所の光景が頭に浮かびました。

（被災者の人たちは、毛布を膝《ひざ》にかけてダンボールの上に座っていた……。そうだ、寒いんだ！）

長女が着ていたのは、卒業式に出席した制服、そして素足でした。

「タイツはいて、ジャージに着替えて！　上着も。とにかく、温《あたた》かくして！」

防寒用の発熱タイツを渡し、動きやすい体操着に着替えさせました。

「あとはバッグ、それから大事な物を持って！」

音楽好きの長女はウォークマンを持ちました。私もポケットの多いモッズコートをはおり、必死で避難準備をしました。

（お金！）

タンスの引き出しからキャッシュカードと通帳を取り出し、ふだん使いの肩かけバッグに詰めるうちに、あるはずの物がないことに気づきました。

(財布がない!?)

机の上に置いていた財布がないのです。地震で机から床に落ち、さらにその上に物が散乱して、どこにあるのかわからない状態でした。


ゴゴゴゴゴ。

(もういい!)

財布を探している時間はありません。鍵やティッシュ、目につく限りの細かい物をモッズコートの各ポケットに入れ、玄関に向かいます。玄関前で次女の部屋を目にした時、急に涙があふれました。

「どうしたの?」

長女が驚いて聞きました。

「……なんでもない」

小学校から帰宅していない次女の物をひとつも持てない自分が苦しかったのです。

(今日は、小学校に傘を持って行かなかった)

寒さ対策にもなる、とカッパをバッグに詰めて長女と外に出ました。

長女の持参したウォークマン。それは意外にも、避難所でラジオを聞く時に役立ちました。

被災後は、避難所での重苦しく緊張した時間をはじめ、水・食料の確保と家族総出で長時間行列の連続。そんな状況に耐えるためにも、ゲーム好きなら携帯ゲーム機、音楽好きならウォークマン、本好きなら文庫本やコミックスと〝ひまつぶしグッズ〟があると違います。

ちなみに、避難所で退屈した次女に困り、携帯電話でゲームをさせたら、携帯電話の電池が数時間で切れてしまいました。

**地震の教訓04**　避難所では、ひまつぶしグッズがあると便利

# 05 ドアを開けたら

ドアを開けると逃げまどう人々の群れ。避難所の場所もわからない私は、逃げゆく人をつかまえては尋《たず》ね、右往左往するばかり。

「津波警報が発令されました。沿岸部の方は高台に避難してください」

市が町内放送（警報）で何度も大きく呼びかけていました。

（高台？　高台って……どこ？）

私が外に出た時、96世帯あるアパートのほとんどの人が避難の最中でした。5階の通路から下を見ると、続々と徒歩や車で避難していく人々の群れ。パニック映画の中に入り込んだような気がしました。

（みんな、どこへ行くの？）


「ひがさん、怖い」

6階のAさんが私を見つけて歩み寄り、わあわあと泣きました。

「そうだよね、怖かったよね……。あの、避難所はどこだかわかる？　鍵閉めてきた？」

私は、一緒に避難するつもりでAさんの手を握り、慰《なぐさ》めながら聞きました。

「友だちと行く」

彼女はつぶやくように言い、私は声を失いました。

（私は……私はどうしよう）

1階のゴミ置き場でCさんを見つけました。急いで娘と一緒に非常階段を下りていくと、大荷物を持った何人もの家族連れに会いました。

「このアパートは8階建てだけど、高台じゃないの？」

「高いけど、古いから倒壊の危険があるかも」

話しかけても立ち止まらず、みんな足早に去っていきました。混乱した私は、私たち親子を誰かに助けてほしいのにそれを言い出せずにいました。

「避難所ってどこ？」

Cさんに尋ねると、あきれた顔をされました。

「小学校か中学校じゃない」

毎朝7時には登校する娘たちが通う小中学校。交通事故を起こしてから車の運転を控えていた私には、遠く感じました。

ゴゴゴゴゴゴ。

危険を感じても、娘とふたりだけの状況に不安がつのり、建物から逃げ出せずにいました。

（誰かと一緒にいれば安心する。それだけでいいから）

アパートに人の気配がなくなり、避難所に行くことをあきらめかける自分がいました。下りてきた階段を今度は上がり、自分の住む5階にふらふらと戻りました。

「あっ！」

ふたりの子どもが娘たちと同学年にいるママ友のDさんが、夫婦で通路に出てきたのです。目頭が熱くなり、叫びました。

「一緒に……いさせて！」藁《わら》にもすがる思いでした。

「うちの車に全員乗れるから」

彼女がそう言ってくれた時は本当に驚きました。通常、人は災害時に他人の面倒まで見きれません。次女がいる小学校、そして避難所まで車で送ってくれた彼女は「命の恩人」として、わが家で崇《あが》められています。

## 地震の教訓05　被災直後は、他人の面倒を見る余裕がない

# 06 家族の安否

避難ばかりに気をとられた私は、夫との安否確認の連絡が後回しになった。これが、後に大きな波紋を呼ぶ……。

「パパに電話するの？」

「さっきは通じたのに……」

避難先へと向かう車の中で、私は携帯電話を手にイライラしていました。

地震直後、混乱していた私は、自分と娘の避難で頭がいっぱいでした。夫のことは、携帯電話で話している人を見かけて、ああ夫に連絡しなくちゃ、とようやく思い出したのです。


携帯電話を取り出し、番号を押す。

ゴゴゴゴ　ゴゴゴゴゴ。

強い余震がまだまだ続いていました。なかなか、つながりません。

（通じない？）

娘が心配そうに私を見上げました。携帯電話をかけている私の横を、何人もの人が避難先へと走っていきます。

（災害で電波が込んでいるからだ）

ゴゴゴゴゴゴ。

アパートの壁が揺れていました。私は、恐怖感で携帯電話を持つことすら限界でした。

(じっとしていたら、あぶない。避難、避難しないと)

1分……、2分……。電話が通じないわずか数分が、異常に長く感じました。あせりで、自分の顔が赤くなるのがわかりました。

「もしもし?」夫の声でした。

(通じた!)

奇跡だ、と手元に力が入りました。

「だいじょうぶ?」夫の心配そうな声。

「うん。今、外で……これから避難する……。そっちは、だいじょうぶ?」

「船は沖に着けるから、だいじょうぶだ」

子どもたちは——と続けて話そうとした時です。電話が急に切れました。船舶へは電波の届きが悪く、その後4日間、携帯電話が通じることはありませんでした。

震災後、電気が復旧するまでの4日間、私たち親子は〝行方不明〟でした。通話をあきらめて「友人の車で避難所に行く」と、夫や北海道の母と弟、名古屋の姉にメールをしました。

(誰かひとりに通じたら、こちらの安否が伝わるだろう)

私の携帯電話は、機種が古く電池の消耗が早いため、すぐに切りました。

夫は、会社を通じて私たちの行方を探しました。船上から実家の母へ1日に何度も電話をかけ、安否を心配していました。

そして、電気が復旧した日に、最初に電話が通じたのも夫でした。ひさしぶりに携帯電話に出た夫は、「よかった」と声を詰まらせて泣いていました。

**地震の教訓06**　安否確認は、可能な限り早めに行なう

# 2章
# 避難所

## 2011年3月11日(金)
## 〜
## 3月12日(土)

# 07 避難所に到着

友人たちに助けられて、やっと避難。安心したのもつかのま、どの避難所へ行くべきか悩んだ私は……。

どうする？
うちは実家に帰る
となりの人は小学校だって
えんっ
私は…
えーえーと…
えーえーと…
ひがさん？
中学校…
おええ
キャアアア

「どうする?」

車での避難中、友人のDさん夫婦に聞かれても、質問の意味がわかりませんでした。私は、勝手にDさんが自分たちと一緒に避難所で過ごすものと勘違いしていたのです。

「うちはダンナの実家に行くから」

(私とは違うんだ。もしかして迷惑をかけている?)

実家が北海道と遠く、行く場所がない私たち親子は、避難所に行くしかありませんでした。

「……避難所」

「どっち? 小学校のほうが多いみたいだけど……」

Dさんは、携帯電話で、近所の人がどこに避難しているのか聞いていました。避難所と言っても体育館のこと。そして近所の人の多くが避難する場所は「小学校」と「中学校」のふたつです。ほかに海上保安庁や市役所に避難した人もいました。

(小学校は、小学生や幼稚園児がきっと多いだろう)

春から中高生になる娘たちは気難しい年頃でした。

（高いところのほうがいい。そして娘たちの同級生一家が避難所にいそうなところ）

「中学校までお願い」

友人は、中学校のグラウンドに車を入れました。広いグラウンドには、何十台も車が停《と》まっていました。そして、停めた車の中で過ごす家族が目につきました。

（車中避難か）

（車で来た人は、体育館にいなくてもいいんだ）

家族でプライベートな空間を保てる人たちがうらやましく感じました。

（でも、新潟県中越地震で車中避難を続けた人が「エコノミークラス症候群」になったとも聞くし……）

後に、ここでガソリンを使ってしまった人は、ガソリン確保に苦労したと聞きました。翌日からガソリンスタンドでは整理券が配られ、ひとり20リットルまで、80台待ちで、深夜から長蛇の列ができるようになったからです。

「お母さんを守ってね！」

Dさんは、娘たちに頼りない私を託すように車から言い残し、去っていきました。

猛吹雪のなか、私たち親子3人は、体育館の入口を目指して重い足取りで歩きました。

現在、わが家では「大きい地震が起きたら、避難先は中学校」と決めています。もし避難所を選ぶ余裕があるなら、赤ちゃんや幼稚園児など小さい子を抱える家庭なら小学校、逆に独身やお年寄りは比較的静かな中学校のほうが過ごしやすいかもしれません。

## 地震の教訓07　避難場所はあらかじめ決めておく

# 08 寒くてたまらない

〝安住の地〟と思い、足を踏み入れた避難所の体育館。混雑した避難所に寒気が押し寄せ、親子で震えることに。

ました。
（また、ここに来るなんて）
午前中に長女の卒業式で来た中学校の体育館。私たち親子は呆然《ぼうぜん》と立ちつくしてい
ました。

避難所に入り、最初にしたことは「横になれる場所を探すこと」。これは、私が避
難中に体調を崩し、吐き気で立っていられなかったからです。
避難所の体育館は、ブルーシートが敷いてあり、私たちが到着した頃は、毛布にく
るまり会議イスに座っている人がたくさんいました。
（どうして、イスに座っている人が多いんだろう？）
ブルーシートの片方に半畳ほどのスペースを取り、荷物を置きました。娘たちは毛
布をもらいに行き、私は横になろうとして思わず体が固くなりました。
（冷たい！）
開け放たれた体育館の出入口から、マイナス3度の冷気が入り、ブルーシートの上
でも床は体が芯《しん》から凍るような冷たさでした。
（床が冷たいから、イスに座っているんだ）

「毛布は、もうないって。これ、ひとり1個」

娘たちが、薄い銀色の大きな袋を持ってきました。

「これが毛布のかわりなの?」

私は、驚きのあまり大声が出ました。袋の中には、チョコレートの包みを大きくしたようなアルミの寝袋が数枚入っていました。1枚に足を突っ込み、もう1枚は体にかけます。

「寒い、寒い」

次女が隣でガタガタと体を揺らしました。

(もっと、温かいかっこうをさせればよかった。毛布も持ってくれれば……)

「毛布は避難所にあるもの」と思っていた私は、激しく後悔しました。次女は、防寒着として持参したカッパを着せても、まだ震えていました。

ざわざわとした体育館は非常灯がつき、大音量でラジオがかかっていました。ブルーシートでの混雑が嫌なのか、入口や壁側に離れて座っている人もいました。

(知らない人ばかり……)

アルミの寝袋をかぶり、ブルーシートの上で震えていると気が遠くなりました。

（阪神・淡路大震災の時にテレビで見た避難所の光景と同じだ。昨日までは、ふつうの暮らしをしていたのに……。いったい、いつまで続くのだろう？）

「私は車で寝るから、子どもさんだけでも」

数時間後、私たち親子を見るに見かねて、向かい側の人が毛布を1枚譲ってくれました。心からお礼を言い、毛布を横に使って娘たちにかけました。

さらに朝方近く、追加分の毛布が配られ、やっと眠りにつくことができました。

**地震の教訓08**　避難所は寒いので、防寒対策が必要

# 09 トイレにびっくり

避難所でのトイレ。災害による停電で暗闇のなか、たどりついたのは目を覆《おお》いたくなる空間でした。

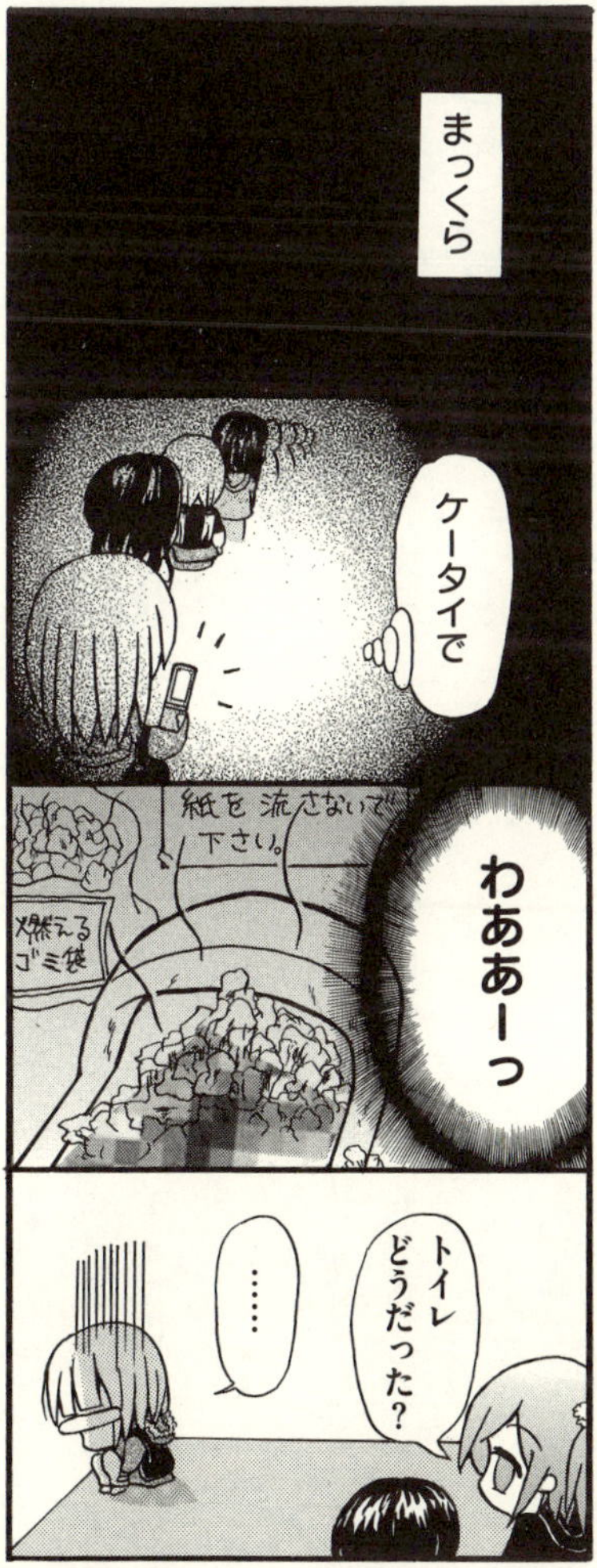

「トイレに行ってくる」

地震直後から、水以外ほとんど何も口にしていなかったので、私が避難所のトイレに行ったのは夜中でした。貴重品を持ち、体育館の横に出ると、トイレに続く暗い通路に行列ができていました。

（停電？　並んでいるのは女性だけ？）

男性は外ですませるのか、男子トイレは空いており、並び疲れた女性のなかには、そちらに入る人もいました。先頭の人が携帯電話を広げ、その灯《あか》りを頼りにトイレに入っていきます。

30分ほど経つと、私の番が来ました。さっそく携帯電話を取り出し、左手に持ち替えて、前の人が出てくるのを待ちました。

「水が出ないよ」

すれ違いざまに彼女が、私の顔を見て言いました。

「水⁉」

その時まで、停電のみならずライフライン全部が止まっているとは想像もしませんでした。コンクリートの床に足を踏み入れ、トイレのドアを開けると、強い悪臭がしました。

壁には「水が出ないので、紙はゴミ袋に捨ててください」と貼り紙があり、使用済みトイレットペーパーが山のように入った大きなゴミ袋が置いてありました。

おそるおそる下を見ると、和式便器に汚物とトイレットペーパーが詰まり、あふれ出て、便器の横にまではみ出ていました。

（うわっ！）右足で何かを踏んだ感触がありました。

用を足したあとで、トイレットペーパーが切れていることに気づき、おぼつかない片手で、便器の前に結んであった新しいペーパーと取り替えました。

「この汚物の中にケータイを落としたら……」

暗闇のなか、心臓が早鐘《はやがね》を打ち、携帯電話を持った左手がこわばりました。

「トイレ、私も行く」

無邪気に言う次女に、私は真剣な顔をして携帯電話を持たせました。

「気をつけてね」

それから、子どもたちには、ペットボトルの水を飲むことを控えさせました。

「あまり水を飲むと、あの汚いトイレにまた行かなくちゃいけないよ!」

長女は、避難所にいるあいだ、トイレに行きませんでした。

「トイレがいやで避難所から帰ってきた」

後日、不快そうに話す近所の人に共感しました。

三月末にテレビで、避難所のトイレを善意で毎日掃除している人を見ました。

「立派な人だ……」思わず声が出ました。

**地震の教訓09** 避難所のトイレは、相当の覚悟が必要

# 10 わらしべ長者

避難所に持参した飲食物は、友人がくれたペットボトルの水4本のみ。空腹に苦しむ私たち親子を救ってくれたのは?

六甲
水をあげたら
カロリーメイト
フルーツ味
車を貸したら
お米
5Kg
まんがを貸したら
たまご(貴重品)
わらしべ長者みたいだね
たしかに
弟

ぐぅぅー。

隣に座る次女のおなかが鳴る音がしました。

(小学校で給食を食べたはずなのに)

避難所に着きしばらくすると、すこし安心したのか急に空腹を感じました。地震で遅い昼食を食べそこねた私と長女は、早くからおなかがすいていました。

「おなか、すいた」

次女が何度も言いました。食べる物はなく、友人が持たせてくれたペットボトルの水だけがありました。

「水、飲みな。でもすこしずつね」

コンビニエンスストアの袋の中に500ミリリットルの水が3本、350ミリリットルが1本入っていたので、ふたりに渡しました。

(娘たちと私だけなのに1本多い。大きいほうを予備にしよう)

私は小さいほうを開け、飲みすぎ防止に娘たちが飲むたびに回収しました。

ぐぅぅー。今度は、自分のおなかが鳴るのがわかりました。周囲を見渡しても、水はおろか食べ物を口にしている人はひとりもいません。

（水があるだけでもましなほうだ）

「いつ帰れるの？」

「わからない」

避難所で長い時間（8時間）が経つにつれて、だんだん娘たちは「おなかがすいた」「寒い」を言わなくなり、そのかわりに、帰宅時間を聞くようになりました。

夜も更《ふ》けて寒さも手伝い、空腹感が強まり、ひもじくなりました。ふと見ると、隣の空きスペースに年配の家族連れが腰を下ろそうとしていました。

「毛布はないんだってね」

話しかけられ返答に困り、余っているペットボトルの水をさしあげました。すると、

「すみません……」

ひとりがお礼にカロリーメイトを3個分けてくれたのです。私たち親子は、思わず声を上げるほど感激しました。そして、娘たちと涙をこらえて食べました。

「半分は今食べて、もう半分は明日の朝に食べようね」

「そんなに喜んでもらって」年配の方は照れていました。

この避難所での見知らぬ人の好意が忘れられず、帰宅してからも、余分な食料や水は必ず誰かに分けました。飲食物以外でも、車を津波で流された人には車を、まんが好きの人にはまんがを数十冊貸しました。

お礼にガスボンベや水、お米までもらい、食料品を売っている店の情報も聞けて本当に助かりました。

「『わらしべ長者』みたいだね」

個人物資を送る相談をしていた電話で、北海道在住の弟が笑いました。

## 地震の教訓10　物資の不足を物々《ぶつぶつ》交換で解決することもある

# 11 避難所格差

避難所で、ただ空腹に耐えるしかなかった私たち親子。炊き出しをめぐる近所の人の発言にショックを受ける。

炊き出しが出まーす
オオー
豚汁かな?
わくわく
カレーかも?
紙コップ!?
ひとり1個でーす

避難所は、ドラム缶による焚《た》き火《び》で暖《だん》をとる人の輪や、車中避難の人がトイレを使用するために出入りし、深夜になっても混雑していました。

「あれ？」近所の人がふたり、入口で体育館を見渡しているのが見えました。

（やっと話し相手を見つけた！）

私は急いで駆け寄りました。温厚で子だくさんのEさんと同じアパートのFさん。ふたりは車中避難のようでした。

「体育館の中にいるの？」

「うん、子どもたちと3人」

私は、Fさんと話していましたが、Eさんはけっして私と目を合わせず、ずっと黙っていました。

（ふだんはやさしい人なのに、何か怒っている）

変だなと思っていると、Eさんは話が終わるのを待ちきれないように、いらだった表情で急に声を荒らげました。

「小学校のほうがストーブがあり、暖かい。ここは炊き出しだけもらって戻ろう」

（えっ、避難所をハシゴしているの？）

私が言葉に詰まると、ふたりはそそくさと車に戻っていきました。食料に困り、避難所を覗いていたのは「炊き出し」が狙いで、無駄話をするつもりはないようでした。

（「炊き出しだけもらって」って……。私たちはここから動けなくて、ずっと待っているしかないのに。それを……）

飢えからくる自己中心的な言動にショックを受け、私はその場から動けませんでした。後に、炊き出しの前に、早い者勝ちでおにぎりが配られたと聞きました。

「炊き出しが出まーす」

ボランティアの人の声が聞こえ、娘たちと目を輝かせました。テレビや新聞でよく目にする、芸能人が配る避難所の「炊き出し」。大鍋から丼《どんぶり》いっぱいに盛られたアツアツの豚汁……。私たちは、期待に胸を膨《ふく》らませました。これでおなかいっぱい食べられる！　と疑いもしませんでした。

「ひとり1個でーす」

お盆の上には、尿検査でよく使われる小さな紙コップがずらりと並んでいました。

その中に六分目くらいに入っていたのは、具《ぐ》がない薄味の炊き込みご飯でした。

「これが炊き出し……」

「どうやって食べるの？　手で？」

がっかりした娘たちが私を問い詰めます。箸もスプーンもなく、トイレに行き洗っていない手で、紙コップの中をかき出すようにぼそぼそと食べました。

（でも食べるものがあってよかった）避難所ではそう思うしかなかったのです。


五月に入り、近所のスーパーが再開した時に、鮮魚売場でEさんを見かけました。目が合うと、満面の笑顔で挨拶してくれて、ほっとしました。

（震災直後は、家族が多いから食料確保に必死でつらかったのかな）

人一倍家族思いで、食事作りに一生懸命。そんな主婦の鑑《かがみ》のような彼女のうれしそうな買物姿でした。

## 地震の教訓11　避難所にも格差がある

# 12 ペット

避難所で目にしたペット連れの人たち。最初はうらやましく思ったが、あることに気づく。私のとった行動とは?

あっ
犬連れだ
うらやましい
あったかそう
はっ
犬の
ほうが敏感

炊き出しが出てしばらくしてから、避難所の非常灯の灯りがすこし落とされ、周囲の人たちは眠りについたようです。

しかし私は、寝息を立てた娘たちの横で、なかなか寝つけませんでした。体育館の中をうろうろして、知っている人を探し、出口でドラム缶の焚き火にあたっては気をまぎらわしました。その時に、ペットを抱いて壁ぎわに座っている人を何人か見かけました。

（ブルーシートは、人が多くて気を使うから離れているのかな？　ペットと一緒にいると温かいのかも）

しかし、ペット連れの人たちはみんな無表情でした。ほとんどの人が、ひとりで赤ちゃんをあやすようにしっかりとペットを全身で抱き、遠い目をしています。

ペットも、震災の恐怖でガタガタと震えていたのかもしれません。地震の恐怖を人間のように言葉に出せない動物たちを思うと、せつなくなりました。

ブルーシートに戻り、毛布に身をくるんでから、私はあることに気づきました。

（ペットを抱いた人たちは、私のように毛布を譲ってもらえないのでは……）

私たち親子が避難所に到着した時に、すでに毛布はありませんでした。避難所に早くから入った人だけが毛布を手にすることができたのです。「子どもさんだけでも」と毛布を分けてくれた人との会話が再び、脳裏に浮かびました。

(私は子連れだから毛布を分けてもらえたんだ)

向かい側に毛布を譲ってくれた年配の人が車から戻ってきました。会議イスに座ったその人と目が合いました。

(毛布をもらってから時間が経っているし……何もお返しするものがないけど……)

3年前に化粧品とエステの仕事をしていた私にも、何かができると思いました。

「あの、私。エステ……じゃなくてマッサージの仕事をしていたので、よかったら毛布のお礼につらいところを揉《も》みます」

思いきって声をかけてみました。避難所で贅沢《ぜいたく》感の強い「エステ」と口に出すのは抵抗があり、「マッサージ」と変換しました。

「いいです、いいです」と手を振るその人に、もう一声「誰でも」と繰り返すと、

「じゃあ、おじいさんの足が麻痺《まひ》しているから」

隣に座るおじいさんを指し示しました。

「足の麻痺で車にも寝られないし、体育館の床が冷たくて足が痛くてねえ」

おじいさんの話を聞きながら、私はカチカチになった両足をゆっくりマッサージしました。

（亡くなったお義母さんもリウマチで、寒い日は膝が痛いって言ってたな）

姑《しゅうとめ》を思い出し、なつかしくなりました。30分ほど揉んでから、私のアルミ寝袋で両足を包み、その上から毛布を二重にくるみました。

「ああ温かい、楽になったよ」

おじいさんの笑顔を見て、私の気分も楽になりました。心がやわらいだひとときでした。自宅に戻り、近所に住む六十代のGさんにこの話をすると、

「そうだよ、話し相手とかそういうのがね、いちばんいいんだよ」とうなずいていました。

## 地震の教訓12　極限状態での他人への好意は連鎖する

# 13 余震

周囲が寝静まり、しかたなく横になると、余震が響く。次々に押し寄せる震度5の揺れのなかで、避難所は……。

避難所に着いた時から、ずっと朝も夜も震度4、5の余震が次々と来ていました。

（もう娘たちも寝たし、遅いからすこしでも寝なければ）

そう思っても、床の振動で目を開けてしまう。すると、体育館の天井や照明がグラグラ揺れているのが見える。

（落ちてきたらどうしよう……怖い）

「うぅーうぅー」

すぐ隣では、次女がうなされていました。起こしてもよけいにかわいそうで、見て見ぬふりをするしかありません。

ゴゴゴゴゴゴゴ。

強い揺れの時は、避難所全体に「キャー」「ワー」と大勢の叫び声が響きます。私は、心臓がつぶれそうで声も出ません。

（避難所に着いたら安心だと思ったのに……）

（避難所に来たからといって、地震が止まるわけでも命が助かるわけでもないんだ）

追いつめられた私の頭の中で、いくつもの声がしました。心の叫びでした。

（怖い）

避難所の中が明るくて子どもたちが起きていた時は、思い出さずにすんだ最初の地震（震度6強）の恐怖がよみがえり、ガクガクと体が震えました。

それでも、なぜかさびしくはありませんでした。

（娘たちがすぐそばにいて、こんなにたくさんの人が同じ場所にいる）

避難所の天井が涙でぼんやりと見えました。

（孤独じゃない）

それが絶望に近い精神状態で、わずかな心の支えでした。

ゴゴゴゴゴゴ。

体育館が大きく揺れ、また「ワー」という声が聞こえる。避難所の400人あまりの集団が出す恐怖の叫び声でした。

（ここで……もしかして死ぬかもしれない……）

（だけど……みんな一緒だー）

覚悟をして、きつく目を閉じました。

震災でもっとも怖くて「死ぬかもしれない」と思ったのは、最初の地震の時と避難所で眠りにつく直前でした。

私とは逆に長女は、卒業式の疲れもあってか早くからアルミ寝袋を頭からかぶって寝てしまいました。いびきをかく姿にあきれた次女と、「お姉ちゃんはどこでも生きていけるね」と妙に感心したのを覚えています。

〝災害に強い性格〟というのがあるのかもしれません。

**地震の教訓13**　余震は頻繁《ひんぱん》に襲ってくる

# 14 被害状況と情報弱者

避難所での長い夜を過ごし、わずかな眠りから覚《さ》めた私たち親子。ざわめく早朝の避難所で配られた新聞に書かれていたのは？

「俺、家に帰る」

「(津波の)水が引いたかどうか、わかんないよ」

周囲の会話やガチャガチャと会議イスをたたむ音で、私は目が覚めました。体を起こすと、体育館は朝日が入り、すっかり明るくなっています。

ブルーシートの上で毛布をたたみ、次々と避難所から帰っていく人たちを見ているうちに、私はほんのすこし元気が出ました。

「とりあえず食べよう!」と、残しておいたカロリーメイトを娘たちと食べました。カロリーメイトを分けてくれた隣の家族連れは、みんなひとり1枚ずつ新聞を読んでいます。

「新聞配ってるよ」

長女が読みたそうに言いました。

避難所の入口に行くと、コンクリートの階段に、ビニールにくるまれた新聞が、30センチほどの厚さでまとめて置いてありました。それを1枚取り、娘たちと一緒に読みます。

それは、宮城県の地元紙『河北新報《かほくしんぽう》』三月十二日付朝刊でした。

「宮城　震度7　大津波」と1面に大活字。そして、津波に流され炎上している家屋や倒壊した仙台市内のビール工場のタンク、建物屋上に避難する大勢の人が写っていました。

「宮城県や県警などによると、確認された県内の死者は16人」

「七ヶ浜《しちがはま》町では、津波で流されるなどして4人が死亡」

「仙台港で津波に巻き込まれたとみられる200人以上の遺体をヘリコプターが確認」と報道されていました。

掲載写真に驚きましたが、その時は、自分の住む地域で死者・行方不明者が2万人近くに及ぶ未曾有《みぞう》の大災害が起きたとは思いもしませんでした。海外の地震報道を見るような感覚で、現実感がなかったのです。

また、その時点では、「東北巨大地震」「東北地方太平洋大地震」「東北・関東大地震」など地震の呼称が定まっておらず、「なんだか名前が大きくなってきて『関東大震災』みたいだね」と、不謹慎にも娘たちと話していたのを覚えています。

震災後4日間、情報が絶たれた被災地は〝陸の孤島〟でした。死者・行方不明者が

# 大津波

地震で倒壊した仙台市内のビール工場の施設。建物屋上には大勢の従業員が避難している＝11日午後3時36分

## 各地の震度

11日午後2時46分ごろの地震で、震度6弱以上を観測した各地の震度は次の通り。

震度7＝栗原築館（宮城）

震度6強＝涌谷、登米米山、登米南方、大崎古川北、大崎鹿島台、名取、蔵王、山元、仙台宮城野、塩釜、東松島、大衡（宮城）白河新白河、須賀川岩瀬、須賀川、二本松針道、鏡石、楢葉、富岡、大熊、双葉、浪江、新地（福島）日立助川、高萩、笠間中央、笠間、鉾田当間（茨城）大田原湯津上、宇都宮白沢、真岡石島、高根沢（栃木）

震度6弱＝大船渡、大船渡猪川、釜石中妻、滝沢、矢巾、花巻大迫、一関山目、一関花泉、一関千厩、一関室根、奥州衣川（岩手）気仙沼、南三陸、登米、登米東和、登米登米、登米公民館、登米石越、南三陸志津川、大崎松山、石巻、仙台宮城野、角田、岩沼、大崎三本木、川崎、亘理、仙台青葉、仙台若林、仙台泉、仙台太白、石巻北上、石巻桃生、石巻鮎川、女川、東松島鳴瀬、松島、利府、大和、富谷（宮城）郡山、郡山開成、郡山湖南、白河、須賀川長沼、須賀川八幡山、国見川俣、二本松、二本松針道、本宮、桑折、国見、川俣、西郷、中島、矢吹、棚倉、玉川、浅川、小野、田村船引、田村都路、田村常葉、大越、伊達梁川、伊達、南相馬、いわき三和、いわき、飯舘、南相馬原町、南相馬鹿島、南相馬小高、猪苗代（福島）水戸、小美玉、常陸大宮、那珂、城里、ひたちなか、茨城、東海村、常陸太田、小美玉小川、土浦、土浦上高津、石岡、取手、つくば、つくばみらい、鹿嶋、潮来、坂東、ば、鉾田、常総、かすみがうら、桜川、筑西、つくばみらい加藤（茨城）大田原、那須烏山、那須塩原、那珂川、芳賀、那須高山、那須塩原あたご、高根沢、宇都宮、真岡、市貝、那珂川小川（栃木）桐生元宿（群馬）宮代、鴻巣、川口、川越（埼玉）成田、印西、印西笠神（千葉）

### 陸自災害派遣
### 「安全へ総力」首相

政府は11日、東北・関東大地震を受け、首相と全閣僚が出席した緊急災害対策本部を官邸で開催。自衛隊や警察の広域緊急援助隊などを被災地に最大限派遣し、救援、救助活動に総力を挙げる方針を決めた。これを受けて陸上自衛隊は全部隊に出動を…

…被害を最小限に抑えるため、政府として総力を挙げる」と表明。被災地の原子力発電所について「一部が自動停止したが、外部への放射性物質の影響は確認されていない」と述べた。

会合では「政府として全力を挙げて対処する。国民の皆さんは助け合い…

政府は11日、菅首相が内閣府防災担当大臣を自衛隊ヘリコプターで被災地の激しい被害状況の視察に派遣。各府省の政務三役に対し、担当分野で陣頭指揮して対応するよう指示した。

基本方針は被災地に関係機関の…し「重大な被害が発生していると見られる」と指摘したうえで、「関係省庁は被害状況の把握や住民の救助に全力を尽くす」と強調。①緊急輸送路や被災地上空の航空安全の確保のライフライン、交通機関の復…

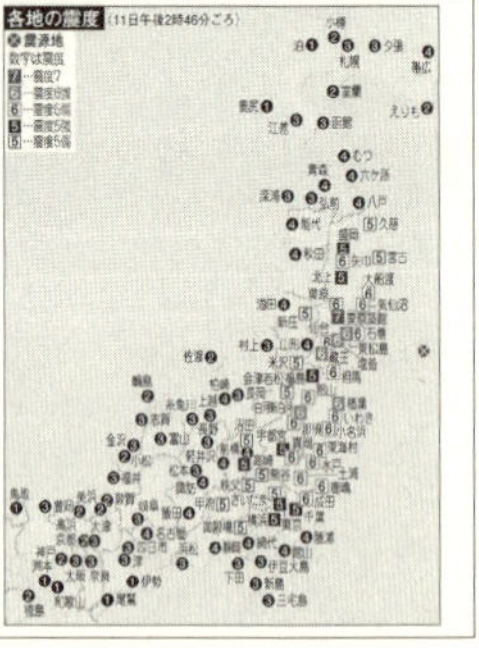

避難所で配られた『河北新報』で、はじめて被害を知る（河北新報社／共同通信社）

数多く出たことも、福島第一原子力発電所が爆発したことも、震災6日目にテレビではじめて知ったのです。

改めてよく読むと、新聞の隅《すみ》に「本日の紙面は緊急時新聞制作相互支援協定を締結している新潟日報社の全面的協力により作成しました」と書いてあります。震災下、自らも被災者となり、身動きがとれなくなった地方新聞社どうしの協力と助けあいを感じました。

避難所の大部分の人は、新聞を読み捨てていましたが、私は持ち帰りました。三月中旬、テレビや新聞、県内の人の話で被害状況をくわしく知ってから、取っておいたこの新聞をもう一度読んだ時は、手の震えが止まりませんでした。

## 地震の教訓14　震災直後は正確な情報を得られない

# 3章

# 帰宅

## 2011年3月12日(土)朝
## 〜
## 3月12日(土)夜

# 15 津波

私の住んでいる街を襲った津波。避難所では実態がわからず、恐れおののくばかり。残してきた車や財布はどうなった？

津波……何メートル？
10メートル
10メートル!?
津波前
実際は4メートル
津波後
JP-2U3-35221

私の住んでいる街は沿岸部のため、震災前から震度3、4の地震が起きると、津波警報が出ます。警戒区域である港側に住む友人は、そのたびに避難していました。

震災直後の津波警報では10メートル。しかし実際には4メートルでした。大津波は街を襲い、大型ショッピングモールを破壊、交差点の信号機を大きく越え、商店街、住宅、漁船、自動車、人の命さえも一瞬で飲み込んでいきました。

「津波、何メートル？」

避難所で、ウォークマンを持ってきた長女に聞きました。

「10メートル……」

娘は、ラジオに切り替え耳に当てると、すがるような目で私を見ました。

「10メートル⁉」

びっくりして、思わず大きな声が出ました。避難所にいるあいだは情報が少なく、これ以上の地震や津波が来るのかまったくわかりません。

（そんな津波が何回も来たら、どうなるの？）

得体《えたい》の知れない不安で、胸が押しつぶされそうでした。

（もうダメだ。車も、財布も、テレビも……）

駐車場に置いてきた車や探せなかった財布、転倒したテレビのことを思うと涙が出ました。

帰宅後、私の住むアパートは津波被害のひどい市街地からほんのすこし高台に建っていたことを知りました。津波は、アパートの前方にある駐車場まで来て止まっていました。私の車は、アパートの後方の駐車場にあり、難《なん》を逃れました。


震災後、被災地では、「津波」「亡くなった」などの言葉は避けて「水かぶる」「ダメ」などのソフトな〝被災地ワード〟に変換していました。

「仙台港近くのコンビニで働いていた人がさ、地震のあとに『じゃあここかたづけて』って店長に言われてかたづけているうちに、（津波）かぶって（亡くなった）……。あんな大きなのがすぐ（同地域は10メートル、30分後到達）来るなんて思わないよね。（亡くなった人は）みんな、そんな感じだって」

こんな話を聞くたびにつらくなります。お葬式も多く誘われましたが、心身ともにダメージが強く、無理に参列はしませんでした。

警戒区域の友人は、海上保安庁に避難して命は無事でした。しかし、自宅はボランティアが40人も出るほどの津波被害に遭い、

「毎日毎日、ヘドロ掃除よ！」と疲れきったメールが来ていました。

「ボランティアのなかに、仙台出身の『モンキーマジック』という地元で有名なアーティストがいて、子どもが喜んでいた」とも書いてありました。

「震災のなかの光だね」

私は、すぐに返信メールを打ちました。

**地震の教訓15**　津波は、警報とは異なる高さで襲ってくる

# 16 地震の翌朝

避難所を出る決意をした私たち親子。しかし、避難所の出口には人だかりが。そこでは、安否確認用紙が配られていた。

避難所を出た時刻が7時
行き先は……
安否確認用紙
自宅
これでいいよね
あとは、帰ってから電話しよう
ケータイ充電して
しかし4日間の停電に
連絡できない……

ささやかな朝食のあと、私は避難所で知人、友人を探しました。塩釜港沿いに住む友人が家族でブルーシートに座っていました。

「ここにいたの？　もう帰る？」私が何気なく聞くと、

「私たちの区域は、第二波の危険があるから、もう一晩避難所に泊まるの。港近くの住民全体で８００人集合して、避難所に来たけど……」

「第二波！」彼女の家は、大雨が降ると冠水する区域に建っていました。

「長期避難だと思って、ダンボールとか毛布、着替えを取りに１回家へ戻った」

私は、自分と違う避難の規模に驚き、「住宅はどうなったの？」「家族は全員無事なの？」とも聞けず、言葉を飲み込みました。

同じ避難所に来た約４００人のうち、半数は、翌朝早く避難所を出ていきました。避難所から直接自宅に帰る人、県内の実家や親類の家に避難する人、それぞれでした。私たち親子も、荷物をまとめて帰る準備をしました。

「どこに帰るの!?」

出入口に向かう途中で、近所のマンションに住むおしゃれなＨさんに声をかけられました。

「うちのマンションなんか傾いて、1階なんか水浸《みずびた》しだよ！」

彼女は、ふだんとは異なり素顔《すっぴん》にエプロン姿。行き場のない怒りをぶつけるように叫び、私たち親子の帰宅を止めました。私は、彼女が住む鉄筋コンクリート6階建てのマンションが傾くさまを想像して、怖くなりました。

（そんなにひどいんだ！　私のアパートも倒壊しているかもしれない。冠水も……）

避難所にいたほうがいいのか、私の中に迷いが生じました。

「うん。でも……帰ってみる」

どんなに危険でも、私たち親子の行き先は自宅しかなかったのです。私は、決心して娘たちの顔を見ました。ふたりは黙ってうなずきました。


ふと見ると、体育館の出口に人だかりができています。

「安否確認用紙を書いてください」

市役所の人から、避難所に来た人の住所、氏名、一緒にいた人、避難所を出る時間や行き先を記入するように指示されました。

その時の私には、おおげさに感じました。記入が面倒なのか、安否確認用紙を書かずに素通りしていく人も大勢います。

「避難所を出た時刻＝7時。行き先＝自宅。これでよし」

あとは落ち着いてから連絡しようと考えていました。地震の怖さと避難所の不快感で余裕がなく、自分を心配している人のことまで頭が回りませんでした。

私は、夫に「友人の車で避難所に行く」とメール1本しか入れていません。

しかし、帰宅してからテレビなどで行方不明の家族を探す人たちが必死に呼びかける姿を見て、安否確認の大切さを痛感しました。車ごと津波に流された家族が多いなか、私が連絡しないことで夫と実家の母を泣かせ、ほうぼうに心配をかけたのです。

この安否確認用紙だけではなく、帰宅後に「避難所から自宅に家族全員無事に着いた」と連絡をしていれば、と大きく反省しました。

これに懲《こ》りて、大きい余震の際は即座に安否確認メールを入れる癖《くせ》がつきました。

**地震の教訓16**　安否確認は重要。すべての機会、機器を利用する

# 17 ヘドロ

いざ自宅へと急いだ私たち親子。震災後、はじめて目にしたもの。それは、大量のヘドロだった！

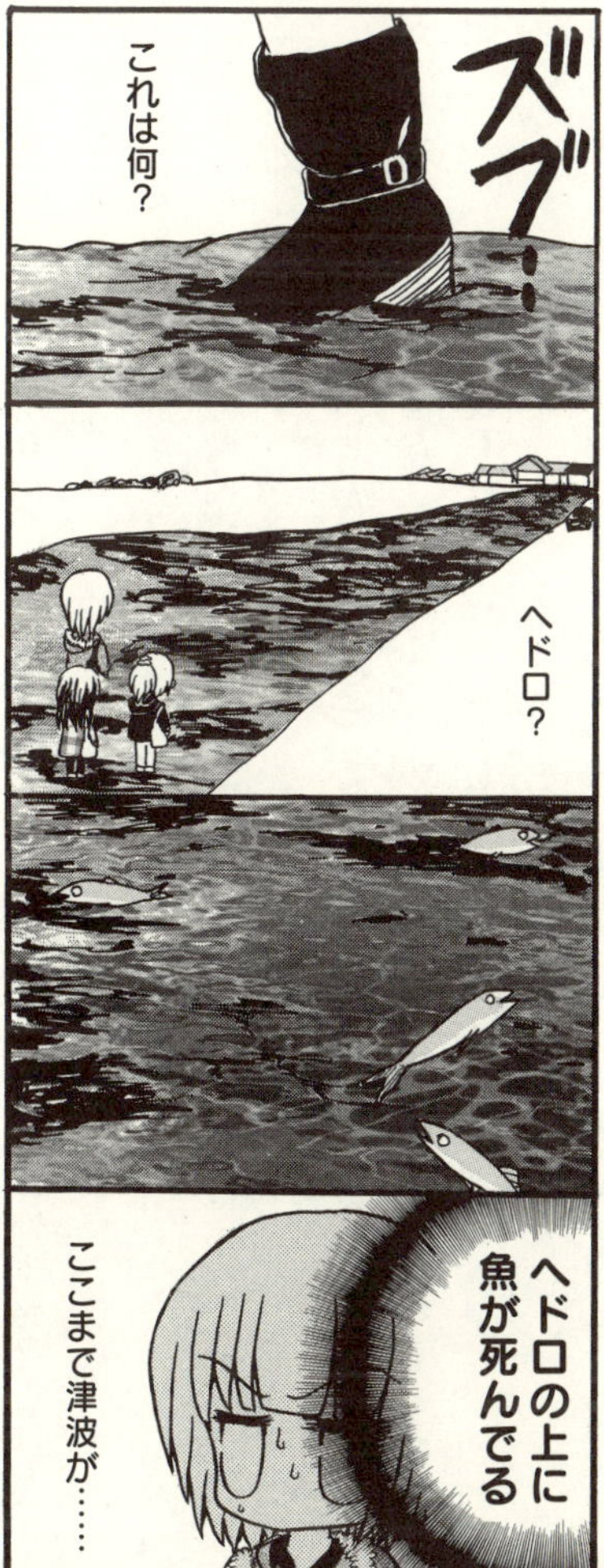
ズブ…
これは何？
ヘドロ？
ヘドロの上に魚が死んでる
ここまで津波が……

私たち親子が避難所を出たのは朝7時。自宅に向かういつもの通学路をとぼとぼと歩きました。

(誰もいない……。静かすぎる)

通常なら通勤通学の時間帯。そこにまったく人影がありません。

前を歩いていた娘たちが急に叫びました。はっとして足元を見ると、黒いヘドロが! 途中までは閑静な住宅地のふつうの道路。それが、自宅近くになると、見渡す限り一面のヘドロに覆われた黒い道に変わっていたのです。

「足、気をつけて!」

「ひっ!」

白く目をむいた小さな生物と目が合いました。足元には、何匹もの魚がヘドロの海に打ち上げられて死んでいます。

(津波がここまで来たんだ! このヘドロは、津波の痕跡《こんせき》なんだ)

ズブズブズブ。

足を踏みしめると沈むヘドロは、強い悪臭がしました。ドブ川の臭《にお》いを強くしたような酸味の強い臭い。

道路脇には、津波に流された廃車がななめに止まっています。そして、波をかぶり灰色になったガレキの山が道路のあちこちにありました。

その時の私は、自宅に帰ることしか頭になく、景色が一変した事態を受け止められずにいました。ヘドロの中に止まった車やガレキ……深く考えないようにしたのを覚えています。

「通れないよ」

先を行く娘たちが困った顔をして振り返り、足を止めました。大雨でよく冠水する車道の一部が、幅15メートルはあるヘドロの沼となり、道をふさいでいたのです。

（このへんは土地が低いから、一晩明けても水が引かなかったんだ）

電信柱が黒いヘドロの沼に浸《つ》かっています。沼の深さは、膝までなのかおなかまであるのか予測がつきません。沼の向こう、坂の上に私の自宅アパートが見えます。

（避難所には戻りたくない。沼さえ抜ければ自宅に帰れる）

「プールだと思って渡ろう」

娘たちは、黙ってジャージやジーンズを膝の上までまくり、荷物を胸に持ちました。そして足を突っ込み、速足《はやあし》でジャブジャブと音を立てて進みました。真冬に近い気温で冷えきった沼。靴も服も半身ヘドロにまみれました。それでも自宅に帰りたかったのです。

「うちだー」

ヘドロを渡った娘たちがアパートを目指して、走っていきました。

アパートのほとんどの家の玄関先には、家族分のヘドロで汚れた靴が並べて干してありました。それからは、ヘドロ対策に膝丈《ひざたけ》の長靴が定番と知り、ブーツを履いて外出していました。

## 地震の教訓17　ヘドロには膝丈の長靴が有効

震災直後、街中総出でヘドロ掃除をしました。しかし、ヘドロがなくなったあとでも数カ月間は、どこへ行っても酸味の強いヘドロ臭がありました。

海沿いの街特有の〝潮《しお》の香り〟に戻ったのは半年も経ってからでした。

# 18 ガレキ

帰宅途中、歩きながら見る被害の光景にがくぜんとする。自宅はだいじょうぶだろうか？

津波が止まったところ
4
メートル
10
メートル
津波の
高さで違う
ガレキ

（これはいったい……）

歩くたびに目に入る異様な光景が、私の体を固くさせます。

道路には、津波に流されて車体が陥没したワゴン車やフロントガラスが割れた軽自動車がヘドロの中で傾いて止まっていました。

ヘドロがこびりついた大量のスーパーのカートや壊れた自販機、タイヤ、家の壁、折れた柱、看板、無数のゴミも散乱しています。

（木の柱がすごく多い）

それは、津波で全壊した木造家屋の残骸《ざんがい》であり、無数の折れた柱や板でした。家屋の中身もヘドロとともに流され、街中に埋まっていることを知るまでには時間がかかりました。

「よかった。倒壊してない」

アパートを見上げて、ため息が出ました。駐車場はヘドロで覆われていましたが、築23年8階建ての自宅アパートは、耐震構造で造られていたため無事でした。

津波は、アパート前方にある駐車場の前で止まったようです。波が引いたあとに低いガレキの山が点在していましたが、その時は「ガレキ」という言葉すら知りませんでした。

「エレベーターが止まっているから階段だよ」

娘たちは、我先にと駆け足で階段を上がります。私は、寝不足でふらつき、途中から手すりで体を支え、ゆっくりと5階まで、階段を一歩ずつ上がりました。

しかし、アパートに人の気配がありません。震災翌日は、本格的な避難準備や散乱した室内外のかたづけに追われて外出する人がいなかったのです。私は、避難所の一昼夜があまりに怖く不安だったので、自宅に戻れた喜びのほうが大きく、アパートの部屋を出ることは考えませんでした。

（娘たちと無事に生きて帰って来れた！）それだけで胸がいっぱいでした。

私の住む塩釜市では、4メートルの津波が直撃、警戒区域では電信柱が傾き、758棟の家屋が全壊しました。仙台市は、東北最大の2万3166棟が全壊、約3万戸にのぼる家屋のガレキが発生しました。

「あれもガレキなの？」

私が巨大なガレキの山を目にしたのは四月上旬、夫の運転で仙台港を通った時でした。何百台という廃車の山、そしてビルの高さまで積まれた巨大なガレキの山が、いくつもはるか遠くまで続いていました。

仙台港の津波の高さは10メートル。広い敷地を利用した活気あふれる東北の湾岸拠点は、津波に根こそぎ流されていました。ひとつの港がなくなったあとは、大型の幽霊屋敷と巨大ガレキ、廃車の山に変わりました。

ガレキの山のあいだをショベルカーや運搬トラックが動いています。仙台港だけでなく、ほかの地域からもガレキが次々と集められ積まれていきます。

(家から車で15分の場所に、こんなにガレキの山があるなんて)

私は暗い気持ちになり、車窓から目を背《そむ》けました。

## 地震の教訓18　津波の高さによって、ガレキの大きさも変わる

# 19 水も電気もガスも……

自宅に着くと、まさかの断水。電気、ガスなどライフラインのすべてが遮断された事態に、私のとった対策とは？

自宅の玄関は、転倒した下駄箱や散乱した靴で足の踏み場もありませんでした。

「ヘドロのついたズボン類は洗うから、風呂場に脱いで。先に手を洗って」

私は娘たちにそう言うと、洗面所に行き、汚れた手を洗おうとしました。

「水が出ない！」

蛇口《じゃぐち》をひねっても1滴も水が出ません。風呂場の蛇口に手を伸ばしても同じです。

（断水なの？　どうして）

混乱する私の背後で、次女が大きな声を出しました。

「電気つかないよ！　ケータイが充電できない」

先に居間に入った次女は、携帯電話の充電をしようとやっきになっていたのです。

「えっ電気も？　もしかして……」

居間のドアを開けると足がすくみました。避難時に物が散乱していた部屋が、余震でさらに荒れていました。転倒したテレビや除湿機、棚、仕事道具が下に。その上に洗濯物、時計、ゴミ箱……。何度も揺れたため、落下物が層になっていました。

メチャクチャになった居間を通り、台所に行きます。ガスレンジのスイッチをひねっても点火せず、カチカチと音がするだけ。

（水も電気もガスも。全部が止まったんだ）

私は、断水や停電は避難所だけで、自宅は通常どおりと勘違いをしていたのです。

「夜、どうするの？」

「寒いよー」娘たちが不安のあまり、しつこく騒ぎました。

（どうするのって言われても……）

私は台所で立ち尽くし、転倒した鍋から溢《あふ》れた水が自分の靴下を濡《ぬ》らすのを黙って見ていました。夕方や夜がひどく先に思えました。

散乱した部屋にライフラインの遮断。ストレスで頭に黒い塊《かたまり》ができたように感じました。対策を考え、すぐ娘たちに答えることができなかったのです。床に落ちたホットプレートの下に未使用のゴミ袋の束が見えました。

（そうだゴミ、かたづけないと）

ゴミ袋を取り、割れた食器や落下物の整理を始めました。溢れた水を雑巾《ぞうきん》で拭く。ひっくり返った32型アナログテレビに両手をかけ、膝を使って持ち上げるとズシンと重みを感じました。なんとかテレビ台の上に戻すと、視線を感じます。

「だいじょうぶ？」

長女が泣きそうな顔をしていました。いつもなら力仕事は率先して手伝う彼女が、話しかけても答えない私を見て、手を出せずにいたのです。

「だいじょうぶ。自分の部屋をかたづけて」

私の返事を聞いて、長女は小さくうなずきました。

力仕事や拭き掃除、大量のゴミをまとめたりと体を動かしていくと、ストレスからすこしずつ落ち着き、頭がすっきりしてきました。

本棚をかたづけながら、娘たちに声をかけました。心身ともに固まり、〝聞こえないふり〟しかできなかった私は、やっと答えを見つけました。

「夜は早く寝るよ」

かたづけているうちにアロマテラピーに使用する小さなキャンドルが3個出てきました。午後6時半から30分ずつ4日間使い、午後7時には寝ました。

**地震の教訓19　停電には早く寝ることで対処する**

# 20 音に敏感になる

かたづけが終わり落ち着くと、今まで耳にしたことのない騒音！　震災翌日から街中に響き、私たち親子を追い詰めた音とは？

バラバラバラバラ
バラバラバラバラバラ
ウ〜ウ〜ウ〜ウ〜ウ〜
バラバラバラバラバラ
ウ〜ウ〜ウ〜ウ〜
ズズ
ズズ
誰も「うるさい」とは言えない
助けて

震災翌日、おおまかなかたづけが終わると、今まで気がつかなかった音が耳につくようになりました。

バラバラバラバラバラバラ　ウーウーウーウー。

空からはバラバラバラバラとヘリコプターの音、道路からはウーウーと消防車の音が響きました。これは24時間何日も続き、私たちを苦しめました。

電気が通じないため、テレビや音楽で遮《さえぎ》ることもできず、耳をふさぐしか方法はありません。昼間でも大きい余震がゴゴゴゴと何度もあり、バラバラバラ　ウーウーウーと三重に騒音が響き、自宅にいても異空間のように感じます。

ヘリコプターは自衛隊でした。鉄道や高速道路が遮断され、津波被害の大きい地域に緊急物資を運ぶためだったのです。私の住む塩釜市にある離島にヘリが着いたのは震災3日目と聞きました。

「3日目？　そのあいだ、島の人たちは食べ物をどうしたの？」

「冷蔵庫にある物で、なんとかつないだらしいよ」島出身の友人が言いました。

「島はだいじょうぶなの？」

まっさきに津波に襲われそうな小さな島でした。私が聞くと、

「建物は壊滅状態だけど、避難が徹底していたから、死亡はひとりだけだって」

友人は穏やかな顔で話しました。


ベランダの窓からは、近くの石油コンビナートが爆発して炎上しているのが見えました。赤い炎に続き、まっくろな煙がなかなか消えず、私は恐ろしくなりました。

「ダンナは36時間勤務だったよ」

後に、消防士の夫を持つ友人がため息をついていました。

「今なら『ワンピース』も全巻読めるね」

私は鳴りやまない騒音にあせり、娘たちの気をまぎらわせるために、家中のまんがを出して読ませました。しかし、私は、自分で言い出したにもかかわらず、騒音が気になり、ギャグまんがを読んでも笑えませんでした。

閉じこもっていると、ますます騒音が大きく聞こえ、頭が変になりそうでした。

(誰か助けて)

コンコン。玄関ドアを叩く音がしました。私のアパートでは停電でインターホンが鳴らないため、鍵をかけずにドアを開けて応対していました。

「こんにちはー」

近所のIさんが心配して、食料を分けに来てくれました。

(よかったー)私は、食料よりも、話し相手が来てくれたことにほっとしました。

「なんか夜中も眠れないし、落ち着かないよねー。何したらいいかわからなくて、来ちゃった」

Iさんが不安そうな顔をして言いました。「みんな同じだなあ」と私は涙目でうなずきました。

(そうか、誰かの家を訪ねて話せば気分が変わる。私もまねしよう)

その日から、私はつらくなると、食材を片手にコンコンと近所の玄関ドアを叩くようになりました。

**地震の教訓20**

震災ストレスを感じたら、積極的に人とかかわることで、精神のバランスを保つ

# 4章 被災地

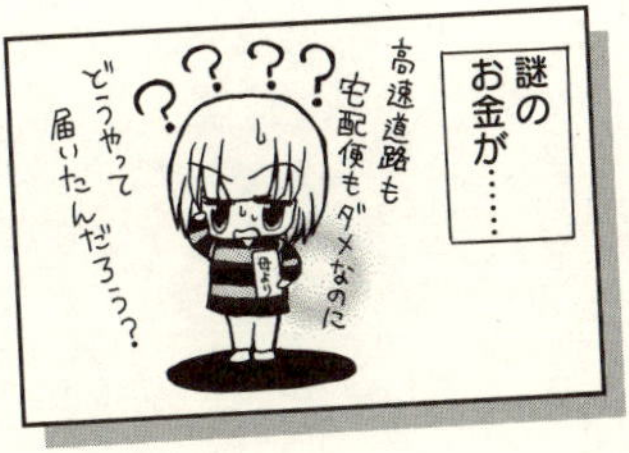
謎のお金が……
高速道路も
宅配便もダメなのに
どうやって
届いたんだろう?
母より

2011年3月13日(日)
〜
4月6日(水)

# 21 被災地の夜

帰宅後、ようやく自分の布団で寝ることができた！　しかし、枕元には避難用品。そして、やまない余震……。

毛布入りバッグ
非常食
貴重品
23:15
23:15
ふだん着
その理由
グラ
いつでも避難できるように！
スタ！
バアン

（やっぱり、自分の布団はいいなあ）

避難所のブルーシートやアルミの寝袋から解放され、ふかふかの布団に体を沈めると、避難所の冷たい床との差を感じました。

しかし、停電で就寝を早くしたため、目を閉じてもなかなか眠りにつけません。いつもより夜を長く感じます。外を見ると、街灯も店のネオンもなく、家も外もまっくら。危険なので、出歩く人はいませんでした。

食料品店で、避難してきたお金持ちの人たちのこんな会話を耳にしました。

「金庫は持って、家に鍵をかけてきた。でも、ガラスを割って泥棒が入るって言うから、1回見てこようかと思って」

「警察官の数が足りないんだって」

信号機が壊れているのに警察官が立っていません。全国から犯罪集団が被災地に入り込んでいるという噂も聞きました。

夜のうちに車からガソリンが抜かれたり、タイヤを抜かれた廃車、フロントガラスを割られた高級車もありました。

津波被害がひどい地区では人影がなく、何があってもおかしくありませんでした。スーパー、コンビニエンスストアはガラスを割られて封鎖。郵便ポストもガムテープが貼られていました。

「郵便局で、お金をおろしたいんだけど……」

「女ひとりで行くもんじゃないよ！」

私は危険地区にある郵便局に行こうとして、近所の人に止められました。阪神・淡路大震災の時にも報道されない性犯罪や略奪が多く発生したことを思い出し、怖くなりました。

震災後10日間は学校がすべて休みになり、会社もほとんどが休業状態。危険防止のため、子どもだけの単独行動は避けるようにという通達も来ていました。先生たちが生徒の安否確認のため、各家庭を回っていました。

私は、弁当作りもなく朝食も急がなくていいので最初はいいと思いましたが、1日の区切りがなく、時間の感覚が曖昧《あいまい》になっていきました。

夜中でも余震が頻繁にあり、枕元には避難用品を置いて寝ていました。貴重品を入れたバッグと非常食、ペットボトルの水3本、懐中電灯、文庫本を収納した布袋。3人分のフリースと毛布を入れた旅行用バッグも置きました。

娘たちには、パジャマではなくふだん着で寝るように言い聞かせました。大きい余震が来たら、すぐに避難できるからです。

暗闇のなか、余震で何度も目が覚め、すこし揺れが続いた時は起きて、居間と玄関のドアを開けて、机の下にもぐります。

（いつまで続くんだろう。ぐっすり眠れる日が本当に来るのかな？）

早く朝になれ、と気があせり何回も目覚まし時計の数字を睨《にら》みました。

ガリガリガリガリ。

明け方に四方八方から音がしました。ベランダから外を見ると、アパートの駐車場や道路のヘドロを男性たちが懸命にスコップで掃除していました。

## 地震の教訓21　震災直後の被災地の夜は暗くて長い、そして危険

# 22 井戸水

断水で、水の確保にひと苦労。周囲の人たちが給水車に行列するなか、井戸水をもらいに行こうと誘われて……。

震災後1週間は、給水車の数が少なく、水を入手するためには、避難所の給水車の行列に並ぶしかありませんでした。2時間待ちのうえ、量もひとり3リットルの制限がありました。

「お風呂の水、ためておけばよかったんだよね」

近所の人に会うと、水の話がいちばん先に出ます。飲食用はもちろん、水洗トイレに流す水も必要でした。

わが家では、震災前の風呂水をトイレに使い、入浴や洗顔はしませんでした。のどが渇いてもがまんして、ペットボトルの水をほんのすこし飲むだけ。

「このペットボトルの水、明日も飲むから残してね」

ジュースや水をがぶがぶ飲む癖がある次女に厳しく言い、歯を磨いて口をすすぐために350ミリリットルのペットボトルを洗面所に置き、洗濯物は風呂場にためました。食器を洗えず、食品用除菌スプレーとトイレットペーパーで皿を拭く日々が続きました。

(こんなに不便で、ひとり暮らしの年配の人はどうしているのかな?)

震災3日目、同じアパートに住むKさんが気にかかり、安否確認に行きました。

通路で立ち話をしていたKさんは、私と目が合うなり、「ちょっと待ってて」と家に戻り、私に飲み水を6リットル（ペットボトル3本！）も持たせてくれました。

「こんなに！」私がびっくりしていると、

「娘の住む隣の市は水が出て、毎日持ってきてくれるの」片目をつぶって笑います。

「き、近所で分けます！」

ひとり占めしては罰《ばち》が当たると思い、友人ふたりと1本ずつ分けました。

翌日、空容器を持ち再び顔を出すと、Kさんは手押しカートに焼酎《しょうちゅう》「大五郎《だいごろう》」の4リットル空ペットボトルを積み、外出の準備をしていました。

「井戸水もらいに行くけど、一緒に行く？　茶碗洗いたくて。沸《わ》かせば飲めるよ」

私は耳を疑いました。「金鉱あるから行かない？　いくらでも取れるよ」と聞こえるのです！　みんなが水で苦労しているなか、大富豪のように贅沢な話です。

私たち親子は、家中の空ペットボトルを持ち、Kさんについていきました。ヘドロの道やガレキをよけて1時間弱歩くと、神社の奥に古い一軒家があります。

門に「井戸水あります」と貼り紙がしてあり、私たちが着いた時は休憩中でした。

やがて家人が出てきていったん奥に引っ込み、戻ってくるとホースを持ってきました。

（昔の緑の鉄ポンプや手桶《ておけ》じゃなくて、ふつうの白いホースなんだ）

不思議な思いで1分ほど待つと、ホースの先から勢いよく井戸水が出ました。大きな漬物樽いっぱいになみなみと井戸水があふれ、光りました。

「おおー！」「すごーい！」

娘たちと感激して叫びました。うしろを見ると、いつのまにか行列ができています。車で来た人もいました。

帰り道、次女がうれしそうにペットボトルを抱いて笑いかけます。

「スープが作れちゃうかもね」

私も、はじめて飲む井戸水に思わず笑みが出ました。

## 地震の教訓22　水の価値が急上昇する

# 23 食料の確保

地震で近隣の食料品店が全滅！　やっと教えてもらった遠方の八百屋《やおや》に行くと、はてしない行列が……。

震災後、近所では、食料品店のほとんどが地震や津波の被害で閉店していました。徒歩5分のコンビニエンスストアは、入口を破壊されて閉店。自転車でよく行くスーパーや駅前の商店街はヘドロに浸かっていました。

避難所に長くいるとパンや弁当などの援助物資や炊き出しが出ますが、震災翌日に帰宅した私たち親子は、自分たちで食料を確保しなければなりません。最初のうちは、買い置きのお菓子や牛乳をかけないコーンフレークを食べていました。

「これ、食べられるのかな?」

親子で相談して、冷蔵庫の冷たいレトルトのシチューやナゲットも口にしました。

しかし震災3日目を過ぎると、その食料も尽きてきます。

「おなか、すいた」「カップヌードル食べたい」

娘たちの文句に困りはてて、どこか食料品を売っているお店がないかとアパートの人に聞いて回りました。

車で20分かかる八百屋さんが開いていると教えてくれた人がいました。

「並ぶってよー。早く行ったほうがいいよ」

「えっ、朝何時くらいに？」

「7時に出ればいいんじゃない」

震災後すぐは、大きい余震がいつ来るかと怖くて、外出時に娘たちを必ず連れて行かなければ不安でした。早朝に反抗期の娘たちを叩き起こし、連れ出すことを考えると、頭が痛くなりました。

翌朝10時半過ぎに店に着くと、すでに長蛇の列。私は目を丸くしました。ドラッグストアやホームセンターなどの巨大複合スーパーの敷地内にある小さなお店に、駐車場から専用道路まで先頭が見えないほどの行列ができていたのです。

「今から並ぶの？　もうあきらめたよー」

知人が自転車をこぎながら、私たちの横を通り過ぎていきました。ガソリン不足のため、徒歩や自転車で来店する人がほとんど。便乗商売なのか、隣ではワゴン車でドーナツを売っており、並び飽きたり、買い終えた人が新しい行列を作っています。

3時間並び、ようやく店に入りレジかごを手に取ると、入口の貼り紙には「大根売り切れました」と大きく書いてありました。

自分の番が来るとみんな殺気立ち、速足で争うようにガバガバと商品をレジかごに入れていきます。牛乳や卵などはすでになく、陳列棚は空っぽ。私は肉、果物、野菜と近所の人に刺身をお土産《みやげ》に買いました。価格は高め（豚こま切れ肉がいつもの2倍！）でした。

その店では、お菓子やカップ麺《めん》を売っていなかったので、翌日、さらに隣の市のスーパーまで行き、並びました。そこでは、ティッシュや除菌スプレーなどの日用品も入れてひとり5点までという制限がありました。

「買ったあとは両手に買物袋を持つから、リュックを背負って、感染防止にマスク。足元はみんな長靴だよ。帰りは井戸水をもらいに寄って……」

お米を送ってくれた北海道の親戚に電話で話すと、

「なんか、もう戦後だね！」と驚いていました。

**地震の教訓23**　食料の確保は、情報とスピードが勝負

# 24 自宅のトイレ

避難所とは違い、快適なはずの自宅のトイレ。しかし、断水で新たな難題に直面する。自宅のトイレ問題とは?

①ペーパーが流せない
はっ
いつもの
「くせ」でトイレに捨ててしまった!!
燃えるゴミ袋
②手が洗えない
W.C
シュシュ
大活躍→
除菌
③水を流すのは——
チャプ
ザブ
ひ
人力《じんりき》!

断水により、自宅の水洗トイレでは三つの問題が発生しました。

まず、使用済みトイレットペーパーをゴミ袋に捨てなければならないこと。水の流れないトイレにそのまま流せば、詰まるからです。

次に、トイレのあとに手が洗えないこと。そして、汚物をバケツで流さなければいけないことです。


とくにペーパーに関しては、以前長女がトイレを詰まらせ、廊下《ろうか》まで水浸しになったことがあり、下の階に迷惑をかけたので重大でした。

避難所のトイレと同じで、大きいゴミ袋を便器の前方に置き、ペーパーをそこにためます。しかし臭うので、毎回トイレ全体とゴミ袋に消臭スプレーをします。

手洗いは、長女の受験期間にインフルエンザ対策用で買った手指消毒スプレーを出入口に置き、代用しました。風邪予防の商品は、災害時にも感染予防で活躍します。

（箱でまとめ買いしたマスクといい、意外なところで役に立つなあ）

困ったのは、便器の汚物をバケツの水で流すことでした。トイレに入るたびに水を使ったら、すぐになくなってしまいます。風呂の残り水は八分目ほどありましたが、それが切れると、大量の水を毎日補給しなければなりません。

わが家は、他の家と違い、飲み水用のペットボトルを数本持っているだけで、10リットル以上のポリタンクを持っていません。車の運転を控えていたこともあり、飲料水と食料の確保にせいいっぱいで、遠方のホームセンターにポリタンクを買いに行く気力も手段もなかったのです。

私は、数年前に省エネまんがを描いた時のことを思い出しました。

（たしか、電気やガスのほかに「水の省エネ」も研究・実践していたなあ）

（「風呂の残り水をバケツで勢いよく2杯流すと、大でも流れる」「中途半端ではかえって残る」。うちは女3人だけだから、朝にまとめて1回流せば、だいじょうぶかもしれない）

ためしにトイレの水を翌日まで流さずに様子を見ました。そして翌朝、バケツの水をザバッザバッと流すと、3人分がきれいに流れていきました。

「うっ！」

勢いあまって汚物に跳《は》ね返《かえ》った水しぶきが顔にかかり、床に飛び散りました。水を流したあと、トイレットペーパーで顔と床を拭きます。不快な思いをしながらも、私は満足していました。

（これなら、しばらく風呂水がもつ）

後に、テレビで「トイレ1回につきバケツ1杯流す」という取り決めをしている避難所があることを知りました。

（水がもったいないけれど、争わないためにはしかたないのかな）

避難所の詰まって汚れたトイレが目に浮かびました。多くの人が生活する避難所。集団生活の難しさを感じました。

**地震の教訓24**　断水時の水洗トイレでは、水をまとめて流すのが有効

# 25 お金のこと

災害で、命の次に気になるのがお金。銀行ATM、預金、送金、義援金……被災地のお金事情とは?

震災7日目
かたづけに追われる
コンコン
ごめんくださーい
ん?
書留でーす
ええー
謎のお金が……
高速道路も宅配便もダメなのに
母より
どうやって届いたんだろう?

津波被害で、近所の銀行ではATMもすべて閉鎖。また、破壊されたATMもありました。遠方の銀行、郵便局まで30分以上歩かなければ、現金を引き出せませんでした。

私は、震災3日目までは冷蔵庫に残った食品でつなぎ、4日目からは、散乱した部屋の底から見つけた財布にあった1万5000円弱で、食料品を買いました。

そして5日目にテレビや新聞の情報が入り、「義援金」という言葉を知りました。

日本赤十字などの義援金の総額は、3389億円（二〇一一年十一月二十五日現在）。これは、阪神・淡路大震災義援金の3倍以上の金額で、配布件数は94万8410件。北は北海道、東北は宮城県を中心に関東まで東京都、茨城県、埼玉県も含む15都道府県に配布されています（厚生労働省、以下同じ）。

義援金の配分内訳で、いちばん多いのが宮城県で1211億円・36万7448件。続いて福島県、岩手県……もっとも少ないのが群馬県で408万円・30件でした。被災者数が多いため、義援金は死亡・行方不明、家の全壊・全焼、原発避難指示世帯が35万円、半壊・半焼が18万円と、被害が著しい場合のみ配られます。また、市町村からも被害の程度に合わせて「震災見舞金」が出ます。

わが家のように被害が軽い世帯は1円も出ませんが、それでも住民税や自動車税は半年間猶予《ゆうよ》され、罹災証明書を提出すると、社会福祉協議会から10万円の貸付金を受けることもできます。

また津波や地震で預金通帳や保険証券を紛失した場合、住民票や免許証などの身分証明書を提出することで再発行されるようです。


震災6日目、北海道に住む実家の母は、報道を見て郵便局の窓口に走りました。

「いつ着くかわからない」と郵便局の人に言われてもめげずに無理矢理送った現金書留は、なんと、その翌日の昼に届きました。

「『まずお金だ!』って思ってね。荷物はダメだけど書留は届くって聞いたから」

「本当に助かったよ……」

受話器の向こうで笑う母に、私は頭を下げました。地震が怖くて震災直後もこれから先も、東北には来れそうにない母。その気遣いを感じて、温かな気持ちになりました。

震災2週間後、病院の薬局カウンターの上に「義援金」とマジックで書かれた箱が置かれていました。白い模造紙の手作りの募金箱に目を細めました。薬代のおつりの小銭を入れると、被害の差にざわざわする心がすこしだけやわらぎました。

（被災地にも義援金の募金箱があるんだなあ）

仙台からの帰りに乗った電車内では、二十代の若者ふたりが話し込んでいました。

「俺、クレジット払わなきゃ。『被災地猶予』って半年なんだよね」

「保証人は親？」

「保証人の親も（震災で）金なくて」

話を聞いていて、一見どこにでもいる明るい若者も、やはり被災者だという事実に深く考えさせられました。

**地震の教訓25**　災害時も災害後も、必要なのは現金

# 26 携帯電話の使い道

ふだんは、空気のような存在の携帯電話。地震や津波の時、そして震災後、被災地ではどのように使われたか?

電話が通じた日
ケータイ混んでて通じない……
あっ
電話が通じないので、あとにします。無事で本当によかった。
母
震災で
メールがうまくなった母
漢字変換できてる……
長女も……
川柳

避難所から自宅に戻り、同じアパートに住む友人と話をしていると、避難所に行かずに建物に残っていたと聞かされました。

「避難所に行かないでどうしていたの？」

「最初は裏の集会所にいて、そのあとみんなで8階の通路に上がって、津波が来るのを見ていた。ケータイで津波を撮っている人もいたよ」

「……」

避難所で余震や津波に怯《おび》えていた私は、その感覚についていけませんでした。

実際に、携帯電話の津波画像を見せられたこともありました。動画サイトでは、震災の映像が多く投稿されたと聞きます。投稿した人のなかには、津波の到達の早かった地域やまちがえて低いところに避難した人もいたかもしれません。

(画像と命を引き換えにした人もいたのでは？)

情報社会の二面性を見た気がして、恐ろしくなりました。

「昨日、市内と七ヶ浜見てきたけど、ひどいよ。車が何台も積み重なって山になっていた。家はないし船はひっくり返って、みんなでヘドロ掃除していた」

近所の人の話を聞いているうちに、胸が痛くなりました。七ヶ浜は年に1回ほど悩み相談の電話をかけてくる漁業関係の仕事をしている友人Jさんがいたのです。

電気が復旧して携帯電話が使えるようになると、被災直後からたまっていたメールをはじめ、県内外からいっせいに安否確認の電話やメールが入りました。応対がたいへんなので、できるだけシンプルにする必要があります。周囲では1行メールで安否確認をしており、それをまねしました。

Jさんに、「だいじょうぶ?」と1行だけメールをしました。

「家なくなりました」と1行メールが入りました。

私は動揺しましたが、夫や親兄弟など先に連絡をくれた人への返事で疲れはて、直接電話をする勇気がありませんでした。

「何もできなくてごめんね」

また1行メールで返しました。待っても返事はなく、それっきりでした。

「友だちがいるんだったら、見てきたら」

近所の人に言われて、私は体が固くなりました。

(余震がまだ多いのに、娘たちを置いて津波警戒地区には行けない。何よりも被害の

差が激しいほど、相手にかける言葉が見つからない。「家が」っていうことは、「家族は無事だ」という意味だと思う）
冷たい態度だとわかっていても、簡単には動けませんでした。自分と娘たちの安全が第一でした。

「ガソリンスタンドの情報を教えてください」「明日は集団登校です」

携帯電話は、被災地でさまざまな情報交換に大活躍していました。また、思うように遊べない子どもたちがおたがいにはげましあったのもメールでした。

（携帯電話って大事だな）

四月、私と夫は携帯電話を新機種に替え、長女にも緊急用に持たせることにしました。携帯ショップは、似たような親子連れで込み合っていました。

**地震の教訓26　携帯電話は安否確認、情報入手などに有効**

# 27 髪を洗う

断水で1カ月半、お風呂に入れなかった私たち親子。あちこちで集団風呂の情報が流れるなか、思春期の娘たちは嫌がり……。

マイナス3度の水
冷たいからね
そりゃー
ザパ
もう一発
ザザパ
修行……?
うむ

震災後、ライフラインが復旧した時期は、被災地によって開きがありました。津波の被害が大きい地域ほど遅く、また同じ地域でも町内によって違いました。私の住むアパートでは、電気が震災5日目に復旧、ガスは1カ月、水道が最後で約1カ月半かかりました。

この期間、私たち親子はお風呂に一度も入っていません。

「自衛隊が避難所でお風呂を用意してくれるってよ」

近所でもお風呂情報がささやかれました。遠くの避難所までお風呂に入りに行く人や、車で隣の市のスーパー銭湯に行く人もいました。

オール電化住宅に住む人が声をかけてくれましたが、春に中高生になる思春期の娘たちは自宅以外のお風呂を嫌がります。

私も、無理に銭湯や避難所のお風呂に連れていこうとは思いませんでした。通常よりも不潔な状態の人間が多数入浴する場所には抵抗感が強く、皮膚の弱い次女が感染症になる心配もあったからです。

さいわいにも、2日に1回、頭と体をタオルで拭き制汗スプレーをしていたせいか、皮膚炎にはなりませんでした。それでも、髪の毛だけは丸洗いしないと、フケが浮き出て汗臭くなるため、週に数回自宅で洗っていました。

「今日は髪を洗うよ」

気合いを入れて宣言しないと、髪を洗えません。まずエステや病院で使う蒸しタオルをレンジで作り、汚れた頭を拭きます。シャンプーの泡がまったく立たないほど汚れた頭をすすぐ水の量を節約するためです。

ガスがつかないのでホットプレートでお湯を作ります。台所で洗う際に最初のすすぎだけお湯を手桶1杯、あとは冷水で洗面器2杯と決めました。

「修行だー」

氷点下の冷水を頭からかぶるには、精神力が必要でした。顔の下に別の洗面器を用意して排水を集め、いっぱいになったら足元のバケツに移しました。その水は下着類の洗濯かトイレ用に使うのです。30分以上かかる作業でした。

「明日、学校だから髪を洗って」

「私も！」

ロングヘアの娘ふたりに言われた時は「ウゲー」と声が出ました。切るような水の冷たさに娘たちも「ウゲー」と言いましたが、サラサラになった髪をドライヤーで乾かす頃はニコニコしていました。

じつは子どもたちには内緒で、私だけは耐えきれずに2日おきに体を洗っていました。お風呂の残り水を手桶1杯だけ取り、すすぎ水が少なくてすむように洗顔フォームを泡立てて手で体を洗いました。

飲料用のきれいな水をペットボトル500ミリリットル1本分用意して、チョボチョボとすすぎます。「CCレモン」の空容器を愛用して、CMソングを歌いながら洗っていました。

**地震の教訓27**　飲料水以外にも、洗髪、洗濯、トイレに使う水を確保する

# 28 被災地うつ

半年間で200回を超える余震。地震の恐怖が私の心に〝痛み〟を残した。被災者の多くが、なんらかの心の病《やまい》を抱えると言われるが……。

夜は……
眠れますか？
災害後に起きる変化
カルテ
いえ……
夜中に何度も起きてしまって
余震で……
はっ
薬を出しましょう
被災地的に
ふつう

カタ、小さな揺れからグラグラグラッと急に大きくなる余震。

それは、震災時のもっとも恐ろしい記憶が脳裏によみがえる瞬間です。外出先で大きい余震が起きると、私は不安で思わず、知らない人でも顔を見つめてしまいます。

半年間で余震が200回を超え、慣れもあり、震災直後よりは動じなくなりました。しかし、それでも恐怖感は消えません。

「この揺れは震度3だ」

「2じゃない？」

娘たちと私は、体感で震度3や4がわかるようになりました。そして、揺れのあと、地震速報で体感と震度の差を確認するのが癖になってしまいました。

「ママはいつも大きめの数字だよ」次女は、心配性の私にあきれていました。

「気の強い姉が地震報道の見すぎでうつになった」と言う友人もいました。

「夜は……眠れますか？」

「いえ……余震で……」（それは被災地的にふつうか……）

三月末、めまいと眠れない日が続き、私は精神科に行きました。震災で精神的に不安定になる人が多いなか、意外にも待合室はすいていました。

「災害などの大きな出来事の後に誰にでも起こりうる変化」という紙と薬をもらいました。その紙は、待合室にも貼り出されており、仙台市ホームページからの抜粋です。

「心身の変化は、災害に限らず、大きな出来事に直面したときに誰にでも起こりうる正常な反応です。その人の性格等が弱いから起こるものではありません」と書いてあり、「多くは時間とともに軽減していきます」と結んでいます。

「軽い薬を出しましょう。『どうしてもダメだ』という時は、すぐ来てください」

親身に医師が話を聞いてくれて、安心しました。

「先生のところはだいじょうぶですか？」

「うちはガスと水がまだ……。でも、おたがい無事でよかった」

〝被災地挨拶〟に医師はていねいに答え、微笑《ほほえ》んでくれました。

「相談すれば気が晴れるよ」

六月末、友人から「被災者無料電話相談」を紹介され、悩みや不安を話すと、すこし心が軽くなりました。

七夕《たなばた》の頃、震災で延期になっていたPTA打ち上げ会の連絡メールが入りました。しかし、まだ遊ぶ気になれない私は断わりました。

かわりに、次女と仙台駅からバスで40分の仙台市天文台に行きました。シャトルバスの窓に流れる樹木や田園風景を眺《なが》めているうちに深く癒《いや》される自分を感じました。

そして、買物以外家から一歩も出られなかった震災直後を思い出しました。

（こんなに遠い場所まで来られるなんて……心が回復したのかな）

そして、プラネタリウムや地震報道でおなじみの海洋プレート、模型で作られた太陽系と青く光る小さな地球を見学しました。

「地球きれい。かわいいね」娘がデジタルカメラで地球を何枚も撮りました。

（宇宙では、地球もまた小さな生きものなのかな）

海や大地を恐れていた私のなかで、何かがすこしだけ変わりました。

**地震の教訓28　震災ストレスは、あせらずにゆっくり回復するのを待つ**

# 29 被災と学校

震災により、長い春休みを過ごした娘たち。半年遅れで届いた卒業アルバムには、亡くなった同級生が笑顔で写っていた。

明日の卒業式ですが――
次女の担任の先生
津波被害で洋服を流されたお子さんに配慮して
親子ともに、ふだん着で
体育館は避難所で使ってるので
教室で式を
「黙祷《もくとう》」から始まる
卒業式

「卒業式は、津波で衣類を流された子に配慮し、親子ともにふだん着でお願いします」

三月末、次女の担任の先生から電話がありました。

「外で着れないから、スーツを持って、友だちの家で『プチ卒業式』をやるー」

（まだ、ひとりで外出するのもあぶないのに）

卒業式前日に、はしゃぐ娘の言葉を聞き、私は冷や汗が出ました。震災後1カ月間は、子どもの友人宅ですら、親が送迎していたのです。

卒業式当日の朝、全員の親がアパートの玄関前に揃って見送り、町内会の役員のお母さんたちが先頭に立ち、集団登校で次女は小学校に行きました。

学校に着くと、教頭先生が津波で奥さんとお子さんを亡くされたと聞きました。体育館が避難所に使われているため、教室での卒業式となりました。卒業式の前には黙《もく》禱《とう》があり、重々しい空気が流れます。

式の最後には、遊びざかりの子どもたちに担任の先生が、雑菌が多く危険なガレキやヘドロ、余震のことを説明して、

「自分の体は自分で守りなさい！」と厳しく諭《さと》しました。

（よく言ってくれた！）反抗期の子どもを持つ親全員が深くうなずきました。

「暑い、暑いー」

八月中旬、震災で新学期が2週間遅れたため、夏休みが短縮され、授業が続きました。猛暑の通学に娘たちが騒ぐものの、私はほっとしていました。

（ストレスだらけの暗く長い春休みに比べたら、娘たちの顔が明るい）

「行ってきまーす」

水筒を肩にかけ、重いカバンを背負っても、娘たちは元気そのものでした。

九月中旬、2冊の卒業アルバムが届けられました。

1冊は、小学校の卒業アルバム（次女）。当初、写真店からは、津波被害で作成できないと聞かされていました。

しかし「『子どもの思い出消えた＝津波に襲われた写真店』という報道を見た他県の同業者がハードディスクの修復をして発行された」とのこと。その記事（時事通信）のコピーも同封されていました。

もう1冊は、中学校の卒業アルバム（長女）でした。

パラパラとめくり、見覚えのある同級生を見て、私は手が止まりました。そこには、同じクラスの亡くなった子が写っていました。

地震直後、いったん外に避難したものの、親心から寒さを心配した母親と一緒に自宅にコートを取りに帰り、その途中で、母子ともに車ごと津波に流された女の子。お葬式から帰ってきた娘から話を聞き、私は涙が止まりませんでした。

（娘はこのアルバムを見たのだ。名前を言うと娘も私も、また泣いてしまう）

「石巻とか……亡くなった子の多い学校はたいへんだね……」

私は娘の気持ちを考え、言葉を選びました。娘は瞳をうるませて下を向きました。

アルバムを閉じてから、私は松任谷由実の「卒業写真」をそっと心の中で歌いました。

## 地震の教訓29　子どもたちを元気にするのは、学校再開

# 30 ボランティア

被災地で活躍するボランティア。長女もボランティアに行くと言い出した。その現実を耳にしていた私は、反対したが……。

「被災地のために何かしたい」

熱い思いで、世界中からボランティアをはじめとするたくさんの人々が東北に来てくれました。

マスクにゼッケン、ゴム長靴にゴム手袋をはめてリュックを背負った若者たち。私の住む街でも、道を歩くと必ずと言っていいほど見かけました。

一般的に、ボランティアが入る場所は津波被害の大きい地域で、ガレキやヘドロの撤去が中心です。ほかにも避難所での物資配給の手伝いや清掃、NPOによる給水車の配備など。被災地では彼らの手がなくては復旧が一歩も進みません。

そのいっぽう、被災地で目の当《ま》たり《あ》にした被害の甚大《じんだい》さに無力感にさいなまれる人も多くいます。ガレキの山を崩し遺体が出てきた衝撃など、重労働に加えて悲惨な話がいやでも耳に入ってくるからです。

ボランティアから帰ってきて、何も語れなくなった若者に対するケアも報道されていました。

（たいへんだなあ。うちはあんまり関係ないけど）そんなふうに思っていました。

「明日、友だちとボランティアに行ってくる」

四月に入り、春休み中、暇を持て余した長女が急に言い出しました。

「えっ、どこへ？」

「わかんない。市で募集していたから、友だちが一緒に行こうって。ヘドロ掃除とかガレキの撤去だって」

ガレキに近づくなと小学校の担任教師が言ったことを思い出し、あわてました。高校生になる長女でも、雑菌や感染症が心配です。

「あぶなくないの？　うちに長靴とか軍手はないよ」

「そういうのは準備しているから、マスクだけしてきてって。2日間だよ！」

娘は、ひさしぶりに会う友人と一緒に行動することを楽しみにしていました。頭ごなしに反対もできず、黙って見ているしかありません。

ボランティア当日、早朝から出かけた娘は夕方遅くに帰ってきました。ヘドロで汚れたリュックからは、昼食用に持たせたパンが出てきました。

「お昼は出たの？　どうだった？　疲れた？」

私が矢継《やつ》ぎ早《ばや》に尋ねると、娘は疲れた顔を上げて、

「うん……。電気が通ってなくて……電線がターンとしてた。でも、（行けて）よかったよ」

それ以上は何も話しませんでした。そして翌朝、昼まで寝込み、起きられずにボランティア活動は1日で挫折《ざせつ》しました。

（ボランティアは、心身ともに本当に重労働なんだなあ）

娘の寝顔を見て、ため息が出ました。

わが身をかえりみず、被災者に直接手を差し伸べるボランティア。その飾り気のない善意は、被災者の心に寄り添い、人間の温かさを教えてくれると強く思います。

「学校の友だちが、いっぱいボランティアに来てたよ！」

半日寝て元気になった娘は、うれしそうにガツガツと昼食を食べていました。

**地震の教訓30**　ボランティアの善意の力は大きく、復興には必須

# 5章
# 傷跡と希望

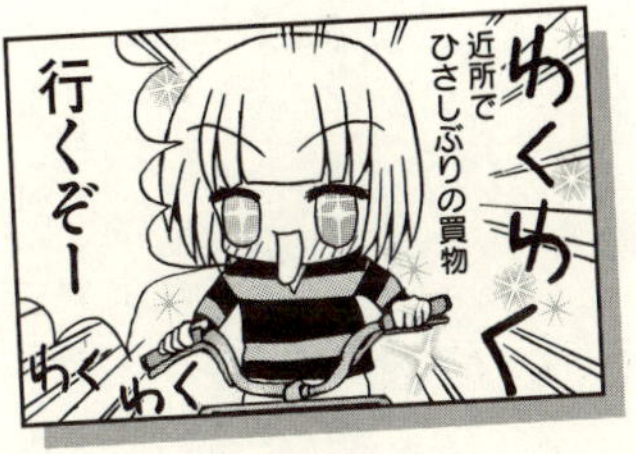
わくわく
近所でひさしぶりの買物
行くぞー
わくわく

2011年4月7日(木)
〜
12月10日(土)

# 31 非被災者（夫）との温度差

夫が帰宅、震災1カ月にしてようやく家族全員が再会。しかし、震災を経験した私たちと未経験の夫との間には埋められない溝が……。

「四月七日に帰るから。社長が『いったん帰す』って」

四月六日の夜中に震度6強の大きい余震があり、その翌日に航海士の夫は、会社の配慮で帰省時期を早め、1カ月半ぶりに高速バスで帰宅しました。

「ダンナさんが帰ってくると食料が増えるね」

夫の帰宅を聞き、近所の人は食料の心配を口にしました。

（どういう意味だろう？）すぐにはピンと来なかった私も、夫が帰宅後に納得しました。震災直後のカロリーメイト半分生活から始まり、ライフライン対策や水と食料の確保に苦労した私と娘たち。

いっぽう、夫が帰宅した頃には電気やガスは復旧、毎日近所に給水車が来始めた時期でした。弟や親戚からも、個人物資でポリタンクやカップ麺が届き、家には食料がつねにありました。

余震を恐れて、すこしでも食料や水の備蓄を残しておきたい私と、ふだんどおりに食べ何回もトイレの水を流す夫。温度差は食料だけではありませんでした。

夫は、〝被災地〟をテレビや新聞の情報で知りました。風評被害や興味本位の噂を聞いており、被災地の被害状況を生《なま》で目撃し、〝観光客気分〟が抑えきれません。家にじっとしていられず、街や港のガレキ、倒壊した建物や廃車の山を車で見て回り、興奮していました。

「『石巻に比べ、こっちはたいしたことない』って言われたけど、すげえ、たいしたことあった」「パチンコ屋で大当たりして、そのまま亡くなった人もいたって」

職場の人に電話で何回も話していました。私は、夫の会話を横で聞き、冷ややかな気持ちになりました。

「地震に遭ってみたい」

夫がふともらしたひとことに、ついに堪忍袋《かんにんぶくろ》の緒《お》が切れ、爆発しました。涙をこらえきれず叫び、ぶるぶる震える拳《こぶし》を握りしめました。

「どういう意味なの!?　いったいなんのために帰ってきたの?」

(被災地の人間が、毎日毎日どんな思いで余震のなかを過ごしているか!)

四月十一日2時46分、買物先で震災1カ月の黙禱がありました。献花台や折れ曲がった立体駐車場。被災地を肌で感じた夫は、その日から余震があると過敏に反応し、急に無口になりました。夜はあまり眠れないようで、一晩中テレビを見て起きていたり、寝汗をかいてうなされていました。

(住み慣れた街の変わりはてた姿は、大《だい》の男でもそんなにつらくなるのか)

震災から1カ月という長い期間を過ごしているうちにいやでもさまざまなことに慣れてきた私たちと、ポンと被災地に来た夫とでは精神的疲労や感覚が違うのかもしれません。夫がすこしかわいそうになりました。

しかし、夫は2週間の休暇の最後の夜、風呂の水をためずに抜いてしまいました。

「水、ためておかなきゃダメなんだよ!」

「ああ、そうか」夫は悪びれず笑い、テレビの前に横になり背を向けました。

家族でも被災者じゃない……。私は、急に夫のうしろ姿が遠く感じました。

(みんなが、それぞれの場所で無事に過ごせますように)

祈るような気持ちで、夫のバッグの中に娘たちの写真を入れました。

**地震の教訓31　家族でも、被災経験の溝は埋められない**

# 32 自粛ムード

震災後、全国に広がった自粛ムード。それは被災地でも同じこと。しかし、被災地ならではの〝空気〟が私を悩ませた。

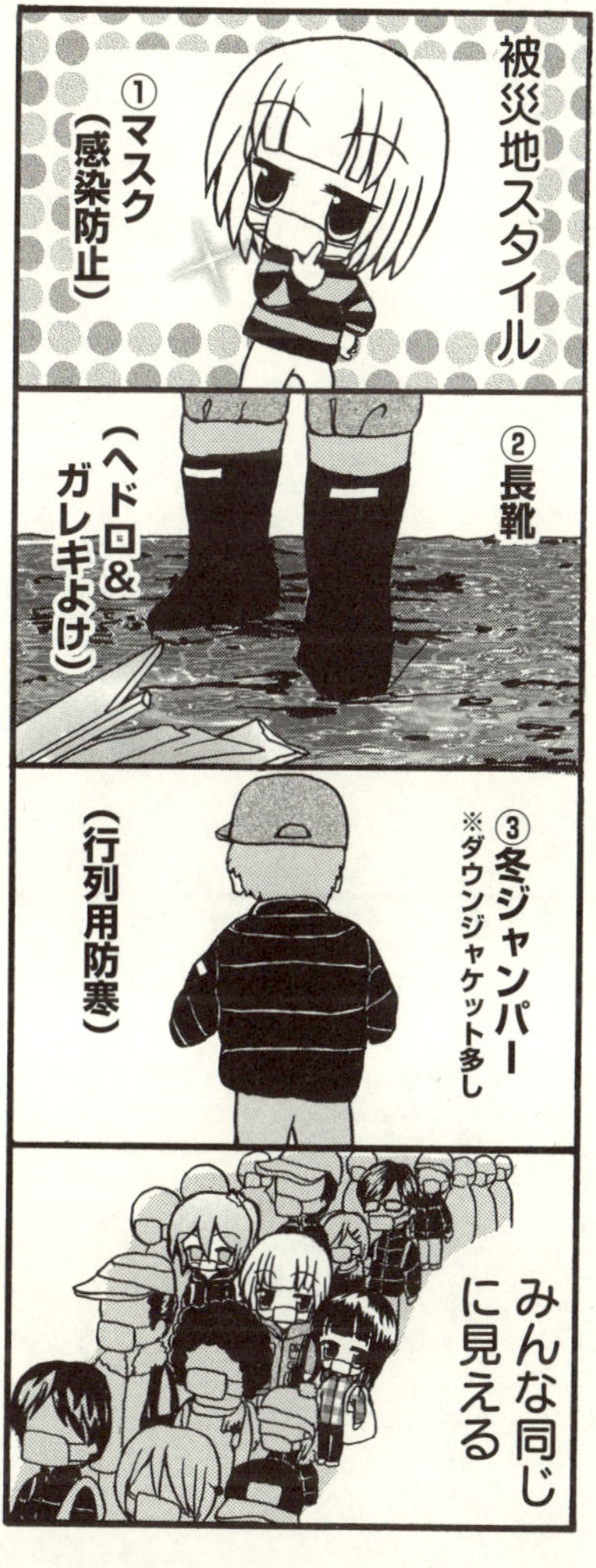

被災地スタイル
①マスク
（感染防止）
②長靴
（ヘドロ＆ガレキよけ）
③冬ジャンパー
※ダウンジャケット多し
（行列用防寒）
みんな同じに見える

「あいつら、仙台で遊べないから東京まで出かけたんだろう」

東京から帰省した夫が、吐き捨てるように言いました。仙台行きのバス停で、見るからに遊び帰りの派手な若者集団が騒いでいた、と怒っていました。

「わかるよ……」

私は、驚きませんでした。津波被害の大きい地域では、ゲームセンターや映画館、遊興施設のほとんどが破壊され、若者が遊ぶ場所はありません。

手が空《あ》いている者は水や食料の確保。そうでなければ、かたづけかヘドロ掃除があたりまえで、派手に〝遊ぶ〟ことは許されない。被災地全体に厳しい自粛ムードが流れていました。

懸命に家の手伝いやボランティアにはげむ若者が活躍するいっぽうで、無気力になり、悶々《もんもん》と家で自堕落《じだらく》に過ごす若者も多く存在したのです。

「無理に抑えつけすぎて暴れたり犯罪に走っても困るから、子どもに甘い親が県外に出して、発散させているんじゃないかな」

私には、娘たちの態度を見て容易に想像がつきました。

娘たちも家の手伝いはいっさいせず、叩き起こさないと昼まで寝て、給水車の行列にまにあわないことが何度もありました。毎日狭い家の中で反抗期の彼女たちと一日中、顔をつきあわせていると爆発しそうになります。

震災の爪痕《つめあと》とそんな重苦しい空気についていけない若者が人目をしのんで、はけ口を求め、県外へ行く。そうでもしない限り、現実から逃げられないのでしょう。


服装や化粧にも自粛ムードがありました。

断水で、お風呂どころか顔も洗えないため、近所の女性たちは老若問わず、素顔にマスク、髪はゴムで留めていました。服も実用第一で黒や茶のジャンパーかダウンジャケットにジーンズ。足元は長靴かスニーカーでした。

私はと言えば、昼ドラのようなブラウンを基調とした超ナチュラルメイクにマスク。そして、エステの仕事で覚えた、水をほとんど使わないクレンジング方法で化粧を落としていました。

足元は長靴のかわりにブーツを履き、着るのはモノトーンの服ばかり。洗濯ができないため、目に見えて着るものが少なくなっていきました。

（着たいものが自由に着られるのは、いつだろう）

私はタンスの引き出しを開けるたびに、沈んだ気持ちになりました。

四月に入り、食料確保のため隣の市を親子で歩いている時、ひとりだけピンクのカーディガンを着ている女性を見かけました。

(あ、もう明るい色の服を着ていいんだ)

(そうだ、春なんだ)私は、ひさしぶりに解放された気分でした。

**地震の教訓32**　被災地の重苦しい自粛ムードに対して、適度な息抜きが必要

# 33 ライフラインの復旧

なかなか復旧しないライフライン。電気、ガスはようやく復旧したが、水はまだ出ない。長引く被災生活の限界が近づく！

目でした。

「電気、ガス、水道の順だよ」

震災直後、近所の人に復旧順番を教わりました。実際に電気が通ったのは震災5日目でした。

震災翌日までは冷たい食べ物だけで過ごし、3日目の夜からは、近所の人にカセットコンロのガスボンベをもらったおかげで、肉を焼いたりお湯を沸かせるようになりました。インスタントの味噌汁を飲んだ時は、心も温かくなりました。

「地震の時、もらっていちばんうれしかった物はなんだった?」

「ガスボンベ!」長女からは、迷いのない答えが返ってきます。

停電中、電化製品がいっさい使用できない耐久生活でしたが、復旧すると生活が一変しました。

(携帯電話が使えてストーブもつく。電灯がともるから、夜も早く寝なくていい)

最初は感激しましたが、テレビの地震報道に驚き、精神的に不安定になりました。あまりの被害の大きさとCMの単調さにつらくなったからです。

(人情ドラマや『ドラえもん』など明るくなる番組が見たいのに……)

「来週あたり、ガスがつくかもよ」

ガスは1カ月で復旧しました。三月末、直接ガス会社に電話して聞いたという友人から、電話で事前に教えてもらいました。ガスボンベの残量が少なくなってきたことと、焼き魚が早く食べたかったので心待ちにしていました。

しかし、震災から1カ月半、かんじんの水道の復旧が大幅に遅れていました。

毎日繰り返される給水車の行列。風呂場にどんどんたまる洗濯物や台所の汚れた食器。トイレの汚物を流すたびに飛び散る汚水。パスタに使った水や洗髪の残り水で、下着類を手洗いしていると暗い気持ちになります。

「そろそろ、水が出ていい頃じゃない？」

「隣町は出たって」

テレビの水道復旧情報は、町内会別で知らされ、ほかの地区が復旧していく様子をうらめしく見ていました。私のアパートは96世帯と数が多く、復旧が遅かったのです。

四月下旬、大事に使っていた風呂水の水位がとうとう半分を切りました。すでに、すべての蛇口を全開にして、急に水が出ても1滴ももらさないようにしてあります。

「うちは水が出たから、何かあったら言ってね」

隣町の友人からメールが来た時、大きな音がしました。

ドドドドド。

あわてて風呂場のドアを開けると、蛇口から勢いよく水が出ていました。

「み、水が出た！」私は大声で叫びました。

「ホントに⁉」

「やった！」娘たちが走って風呂場に見に来ました。

急いで風呂場に山積みになった洗濯物を洗濯機に入れ、スイッチを入れます。

そして台所に行き、夢中で食器を洗いました。茶碗を洗い終わり風呂場に行くと、浴槽いっぱいに透明な水が波を打ち、光を浴びて、きらきらと輝いていました。

（キレイだ、すごくキレイだ）蛇口を止めるのも忘れ、しばらく見とれていました。

**地震の教訓33**　復旧にいちばん時間がかかるのは水（場所により例外あり）

# 34 近所づきあい

東北に親兄弟や親戚がいない私。震災ストレスや孤独をやわらげてくれたのは誰か？

震災で24時間一緒
もあ〜
びっ…
Bさん（近所のスター）宅に行ってくる！
まんが
食糧
災害時
ありがと〜
お茶する〜？
え〜
近所のスターは順番待ち
ハッ!?
めっ めっそうもない！
視線が〜

震災後2カ月間は、近所の人との交流が主でした。とくに同じアパートに住み、被災直後から余震や水・食料確保で苦難をともにした人たちは、〝運命共同体〟です。

避難所で過ごした翌朝、帰ろうとして立ち上がると、釈由美子《しやくゆみこ》似の美人が毛布にくるまって寝ていました。同じアパートに住む、美人で有名なBさんでした。

私はすぐさま揺り起こして、話しました。

「いつから避難所にいたの？」

「あ、ひがさんー。よかったー」

Bさんは、顔を上げて黒く長いまつ毛を揺らし、大きな瞳で見つめて微笑みます。

私はトクをした気分でした。

避難所から帰宅後、パソコンや携帯ゲームで遊びたくても停電で使えず、テレビも見ることができない娘たちは暇を持て余し、私と何度も険悪な空気になりました。

「7階に行ってくる！」

反抗期の子どもたちに一発げんこつを張りたい気持ちを抑え、私は階段を駆け上がりました。Bさん宅に顔を出して、気をまぎらわしたかったのです。コンコンと玄関

ドアを叩くと、

「夜、まっくらで怖いよねー。お茶するー？」

Bさんが懐中電灯を照らしながら、玄関に出てきてくれました。

（美人と運命をともに……）

いやあ、と私は顔に照れが走りました。気がつくと視線を感じます。ほかの人たちも食料を手土産に、Bさん宅の訪問タイミングをはかりに来ていたのです。話している途中で佃煮《つくだに》を差し出す人もいます。

（順番待ちか……。スターだな）


震災1カ月を過ぎた頃、ピンポンと玄関ベルを鳴らす音で目が覚めました。

「あなたがあの時、すぐ食料を持ってきてくれて本当に助かった」

六十代のGさんが、震災直後に私が食料を分けたお礼として、ケーキを買ってきてくれました。

「助かったのは私です」

偽《いつわ》らざる本音でした。震災直後、実家が北海道と遠いため行く先のない私は、母と同世代の人たちと話すだけで安心できました。母に似た小さな背中やエプロン姿を見ると、電話が通じなくて連絡をとれない母がそこにいるような気がしました。

井戸水がある家に行く時、教えてくれたKさんは速く歩きました。私はブーツのヒールのせいで、なかなか追いつけません。

「遅いよー」娘たちと一緒に振り返っては叫ぶ彼女の声が響きます。

（母さんと同じ怒りかた……）

母が3年前に遊びに来た時を思い出しました。気丈《きじょう》で速足の母は、娘たちといつも先を歩き、私を叱ったのです。私は、涙をこらえてヘドロが残る道を走りました。

**地震の教訓34**　近所づきあいに救われることが多く、ふだんから大切にする

# 35 コンビニの再開

震災直後は、食料品確保に隣の市までかけずり回った。2カ月後、ついに徒歩5分のコンビニエンスストアが再開!

前に野菜と
肉、魚
うしろに米
新米
ひとめぼれ
10kg
3.5牛乳
牛乳!
わくわく
近所でひさしぶりの買物
行くぞー
わくわく
こげない!?
ヨロッ
重すぎ……

震災2カ月を過ぎた頃、次女が学校から走って帰ってきて、叫びました。

「ローソン、開いてるって！」

「うそー⁉」

私は、にわかには娘の言葉を信じられませんでした。

自宅から徒歩5分のそのコンビニエンスストアは、津波被害のない立地でしたが、震災直後に封鎖され、閉店の噂があったのです。

それまでは、近所の店はあきらめ、並ばずに買える店やパンが売っているというだけで、遠方まで出かけていきました。開いているという情報を聞き、タクシーを飛ばして行ったコンビニでは、人が押し寄せ、品物がわずかしか残っていませんでした。


私たちは、5分歩いて何回もコンビニへ足を運びましたが、いつも人が殺到して、短時間で閉まってしまいます。がっかりして翌朝7時に行くと扉に貼り紙が。

「明日は10時に開店します」

3時間待って、ようやく入った店は、人があふれ、食料品の棚は半分しか並んでいません。そして、菓子パンは売り切れて食パンが3個残っているのみ。私は8枚切りの食パンを買いました。それでも（パンがこんなに近くで売っている！）と私はうなりました。

じつは、学校から最初にもらった援助物資がパンでした。それ以前に、市からはクラッカーが出ましたが、食べ慣れない娘たちは口にしませんでした。

避難所では毎日配られる弁当やパンも、自宅で生活する私たちは、遠くの店まで買いに行かなければ手に入れることができません。パン屋さんの移動販売車が偶然、私の前で停まった時もうしろにすぐ行列ができました。

「行列を見ると、つい並んじゃうんだよね。ひとり3個ずつにしよう」

私の前に並ぶ人が笑って言いました。自ら制限するほど、パンは貴重だったのです。

4カ月が経ち、閉店していた近所の大手スーパーがオープンしました。朝は、記念にわらびもちが配られ、開店待ちの長い行列ができ、お祭りのようでした。

（あっ、いた）

私は店内を見渡し、買物かごを整理する人を見て喜びました。井戸水を教えてくれたKさんの娘さんが働いていたのです。彼女は閉店中、塩釜から仙台にある支店まで自転車で1時間かけて通い、再建を待っていたそうです。

「(開店)おめでとうございます!」目が合い、思わずお祝いの言葉が出ました。

ダンボール箱や買物かご山盛りに食料品を買う人たちの顔は、笑顔で輝いています。私も負けずに、自転車の前のかごには野菜、肉、魚を、うしろには10キロの米と牛乳を積めるだけ買い込みます。食料の重みで自転車がふらつき、ペダルがこげなくなりました。

(近所で、新鮮な食料がいっぱい買える。幸せの重さだ)

顔を赤くして、力いっぱい自転車をこぎました。

**地震の教訓35　スーパー、コンビニの再開で、生活は大きく変わる**

# 36 失業者と震災バブル

震災により、多くの企業が休業や倒産に追い込まれた。失業者が急増した被災地、その仕事事情は?

震災で職場が津波の被害に遭い、職を失った人が大勢います。

避難指定区域や交通機関の遮断での失業もあり、震災3カ月後の被災地では、失業者数は10万人（岩手県2万2853人、宮城県4万6194人、福島県3万7414人）を超え、前年比2・4倍となりました（厚生労働省）。

また、職も家も失った夫婦間のDV（家庭内暴力）が多いと報道されています。


「会社が津波かぶっちゃって、今は無職」

「命があっただけでもよしとしないと……」

震災直後は、近所でも、日常的に失業や休業に関する会話が多く交《か》わされていました。漁業や水産加工会社、仙台港近辺の商業施設など、海沿いの会社ほど被害がひどく、営業再開できずに休業からそのまま解雇となる従業員が多いのです。

その反対に〝震災バブル〟とも言われる建設や家具、電化製品、中古車販売など人手が足りない業種も存在します。

「震災で屋根から瓦《かわら》が落ちた家が多くて、3年先まで予約がいっぱいだって。ガレキ撤去やビル壁の修理なんかは高額で、いくらでも人が要《い》るらしいけど危険だよ」

建設関係の仕事をしていた友人が話していました。

震災時に松島のホテルに勤めていた友人は、家族がバラバラに避難して再会が遅れたため、自宅近くの会社に転職しました。

「ホテルは震災後のほうが込んでいたよ。観光客はガラガラだったけど、復興支援の人たちが1カ月半借りていたから、それが終わってから辞めた。気仙沼《けせんぬま》は、修学旅行の高校生が被災地見学でガレキ見に来たりしているよ」

「えっ、修学旅行で？」私が驚いて聞くと、

「うん、あぶなくないところを見せているんじゃない」

友人は慣れた様子で話し、これも復興支援のひとつなのかなと思いました。

私が通う美容院も津波被害で移転、水道が復旧するまで2カ月間休業していました。

「髪を切るハサミも流されたけど、東京のカリスマ美容師が、復興支援物資でハサミを送ってくれたよ」

美容師さんは、そのハサミで私の髪を切り、寄せ書きと写真を見せてくれました。

私は、さまざまな場所で、同業者どうしの助けあいがあることを知りました。

震災による鉄道の不通で、私は三月に予定していた東京への出版社回りを延期しました。その後も余震が怖くて娘たちを置いて遠出できません。ブログを見て出版企画の依頼があった編集プロダクションとも、震災以後、連絡がとれなくなりました。また、JR仙石線《せんせきせん》は津波被害がひどく、石巻駅までの復旧見通しが立たず、私が石巻で開いているまんが講座は休講となりました。シャトルバスや他路線の乗り継ぎも考えましたが、往復4時間近くかかり、夜遅くの帰宅を思うと決心できません。

行き先を失った石巻駅のシンボル電車「マンガッタン」。その車体に描かれた仮面ライダーやサイボーグ009、ロボコンを見るたびにせつなくなりました。

## 地震の教訓36　被災で失業者が急増、深刻化する

# 37 新たな災害

ヘドロに覆われ、ガレキと廃車が溢れていた街。半年が経ち、復興しかけていたところに大雨が……。

私の住んでいた街では、津波で壊れた信号機の修理が始まったのは、震災から半年も経ってからでした。

それまでは、横断歩道を渡る時はもちろん、車を運転していても不安でした。歩行者も車も、おたがいのカンやゆずりあいで通っていました。

津波の被害で街のあちこちに置き去りにされた廃車や漁船もすこしずつ撤去されていきました。ヘドロでまっくろの道や、人の高さまで粗大ゴミやガレキがどこまでも積まれていた商店街もきれいに掃除されました。

採算がとれず閉店する店が多く、幽霊屋敷のように建物が傾き、割れたガラス窓から中が丸見えの店もありました。それでも、被災地の誰もが「やっと、ここまで来た」、そう感じていました。

「大雨警報が発令されました。危険ですので外出は避けてください」

九月二十一日、大型台風が日本列島を直撃。復興しかけた被災地を大雨が襲い、警報のアナウンスが街に響きました。

夫が帰省中のこともあり、私たち家族は、大雨にもかかわらず無理に食事とＤＶＤ

返却に出かけ、車を走らせていました。帰り道、自宅アパートまであと10分という距離で車が進まなくなりました。ジャブジャブと音がし、窓の外を見ると冠水した商店街の道路に車は浸かっていたのです。

（ダメだ。ここは、津波が来た時に通行止めになった場所だ）

フロントガラスに道路の水が反射し、前方が見えなくなりました。エンジンがブーブーとうなりを上げます。

（車を捨てて降りるしかないのかな……。車が壊れてしまう）

古い車なので心配でした。

「がんばれ、車！」「がんばれ！」

運転席でアクセルを踏む夫が車につぶやき、娘たちと私もあとに続き、声を合わせました。半分雨水に浸かりながら5分ほど進み、夫が交差点で左にハンドルを切ると、車はスピードを上げて走り出しました。

（助かった……）

帰宅してテレビをつけると、決壊した堤防や救命ボートで救助される人たちが映し出されていました。私は、仮設住宅やガレキの山に打ちつける大雨を見て悲しくなりました。

（地震の時も、こういう報道だったのかな）

震災直後、停電で4日間テレビを見なかった私は、想像するしかありません。

台風が去り、晴れた日に外に出ると、道路の雨水がすっかり引いて灰色のアスファルトが見えました。冠水した商店街も元に戻っていました。人間の身長を超える高さで襲い、引いたあとも黒いヘドロを残していった津波と大雨の違いを見せつけられました。

「災害慣れするね」

同じ市内に住む友人とため息をついて話しました。

**地震の教訓37**　津波と大雨の被害は、まったくタイプが異なる

# 38 被災地に来た芸能人

復興支援で、多くの芸能人、有名人が訪れた被災地。地震の恐怖から、なかなか外出できなかった私もついに行った！

ミスチルの復興支援ライブに行かない？
友人
行ったことないけど〜
ワァー
東北にやっと来れた!!
本物だー
すごい元気出た！

阪神・淡路大震災の時に、避難所を多くの芸能人やスポーツ選手が訪れているのをテレビで見ました。今回の東北には、被害の大きさもあり、それを上回る慰問《いもん》やチャリティイベントがありました。

和田アキ子さんや小林幸子さんなど「紅白歌合戦」をイメージさせる大物芸能人も被災地をはげましに来てくれました。

「阪神・淡路大震災と合わせると2回目だよ」

杉良太郎さんは、避難所で自ら炊き出しを配っていました。被害の大きい石巻市では、避難所のほかに、災害ラジオ局に訪れるアナウンサーやアーティストもいました。

九月、桑田佳祐さんやミスターチルドレンの復興支援ライブが行なわれました。

「土曜日、ミスチルの野外ライブに行かない?」

友人から、ライブ2日前に席が空いたからとメールが入りました。震災後、仕事以外では娘たちと離れたことがなかった私は迷いました。

「帰りは遅くなるけど……」

私が不安そうに言うと、娘たちは意外にも大歓迎でした。

「いいよ、いいよ！　次の日になってもいいよ」

地震を恐れて家に閉じこもってばかりの私にも、息抜きが必要な時期だったのかもしれません。

ライブ当日、電車も駅もミスチルファンであふれていました。

「桑田さんもよかったよー。泣けた」

誘ってくれた友人はライブ慣れしていました。開始待ちの時に地震の話になり、

「いつ地震が起こるかわからないのに、来てくれるだけでもありがたいよ」

「命がけだよね」ぼそぼそとふたりで話していました。

「東北にやっと来れた!!」

ステージでミスチルの桜井さんが叫び、全国のライブ会場で行なわれた被災地応援ウェーブの映像を見せてくれました。

緑で囲まれた野外会場全体に2万人の感激した絶叫がこだまします。空に向かって伸ばしたたくさんの手や全員の笑顔がモニターにも映りました。

それは、被災地とは思えない明るい光景でした。

（テレビや雑誌でしか見たことのない人が……本物がいる）

見ているだけで私はうれしくなり、曲に合わせて歌い、体を揺らしました。

「楽しかったー」

「嫌なこと全部忘れるね！」

友人と一緒に興奮して帰りました。芸能人や有名人は、雨上がりの虹のように被災地に大きな希望と光を運んでくれました。

**地震の教訓38**　被災地に来てくれた芸能人や有名人から、想像以上の勇気と元気をもらう

# 39 援助物資

震災直後から、次々に届けられた援助物資。数々の物資のなかで、私たちを感動させた物とは?

何これ
種?
カサ
カサ
物資だよ
学校でもらった
おお
JOI
なでしこの種
ひまわり
今年っぽい!
なでしこJAPAN
こっちは
ひまわりの種
山形県村山市……
「この種で塩釜が
花いっぱいに溢れるのを
楽しみにしています――」
振り分けてる
のかな?
こっちは仙台
こっちは塩釜

「学校でジュースもらったよ」

十月はじめ、次女は帰宅するなり、そう言いました。

援助物資が被災地で配られたのは、三月下旬から。震災直後、全国から集まった大量の援助物資は、被災地の燃料不足で食料150万食、飲料水107万本が市町村に行き渡らず、体育館や倉庫で1週間以上止まっていました。

援助物資を運ぶトラックやドライバーの数も不足。また、受け入れ準備が整わないため、援助物資を積んだ船が港に着けないケースもありました。

四月になり、高速道路が通れるようになり、ガソリンが供給されてから、ようやく避難所へと援助物資が動き始めました。市町村の職員だけでは足りず、ボランティアや自衛隊が配布をしました。食料品のほかに毛布や衣類、文具などもあったようです。

しかし、避難所から帰宅した私たち親子は、援助物資を目にすることは少なかったのです。それでも次女は、中学校からパンやジュース、栄養ゼリーを1箱持ち帰ってきた日もありました。給食で援助物資のちくわが出たこともあったようです。

長女は、高校で配られたものはマスクだけと言いました。援助物資が被害の大きい地域に行き渡っていないと語るボランティアをテレビ番組で見ました。

（被害の軽い私たちが援助物資をもらって……。本当に必要な人は、だいじょうぶだろうか？）


十月中旬、居間のテーブルに花の写真がふたつ置いてありました。

よく見ると、「なでしこ」と「ひまわり」の種の袋でした。裏には「山形でとれたひまわりの種です。この種で塩釜が花いっぱいに溢れるのを楽しみにしています」と書かれています。

（山形から塩釜へ。配布先が決まっているのだろうか⁉）

（なでしこ。女子サッカーすごかったなあ、あの時は大声が出た）

私は、テレビ中継を見た時を思い出しました。被災地を目の当たりにして情緒不安定になっていた夫は、優勝を決めた瞬間に拳を作って喜び、私とハイタッチをしました。

（ひまわり。ミスチルのライブにあったなー）

ライブ会場のモニターに映った、5万人の被災地応援ウェーブ映像。そのなかにC

Gひまわりが次から次へと咲いたのです。野外ライブ会場の2万人全員がワアアアと叫んで跳ね、喜びであふれました。

「ひまわりって元気の象徴なのかな」

「なでしこの種は種まき時期、九～十月だって」

「ひまわりは春だよ、すぐ育つよ」

小学校の夏休みにひまわりの鉢を持ち帰ってきたことのある次女が、なつかしい目をしました。

「よし、土を買ってきてなでしこの種をまこう。春になったらひまわりね」

私は、そう言ってカレンダーを見ました。その頃は震災後1年になっています。

種の入った袋を振ると、カサカサと音がしました。

「いちばん小さな援助物資……。だけど夢があるね」

私と娘たちは、目を細めて笑いました。

**地震の教訓39**　援助物資は役に立つだけでなく、心に灯《ひ》をともす

# 40 復旧したもの・しないもの

震災から9カ月間を過ごした私たち親子。復旧したものとしないもの、そしてこれからどう生きていくのか？

震災から半年して、車道に打ち上げられていた大きな漁船が撤去されました。

（もう、マリオカートみたいによけて運転しなくてもいいんだ）

自動車の運転が苦手な私は、そこを通るたびに反対車線に出ることや、もしかしたら漁船の下敷きになるのではと恐れていたので、ほっとしました。

街中でガレキ撤去に活躍していたショベルカーもいつのまにか見かけなくなり、遺体安置所は、元の姿である総合運動場や大型ショッピングモールに戻りました。

しかし、ひしゃげて危険ロープを張った鉄柵、アスファルトが地割れした歩道などはそのまま残っています。街はすこしずつ復旧しても、心に刻《きざ》まれた震災の記憶は、なかなか頭から離れません。

（また地震が起きたらどうしよう？　娘たちが私と離れている時だったら……）

つねに不安を抱え、地震速報や津波警報と向きあう毎日でした。

「阪神・淡路大震災は、完全に街が復旧するまで10年。東北は、予算の関係でそれ以上」

宮城県の広報紙で、県知事の復興構想を読み、私は気が遠くなりました。

（同じ日本なのに……）

テレビで報道される東京スカイツリーの映像とガレキ処理で苦しむわが街を比べ、私は劣等感を覚えました。

「去年の年賀状はどうだったっけ……。なんかもう、いろいろあって忘れた」

「地震の前って、2年くらい前の感覚だね」

十二月に入り、子どもたちと来年（二〇一二年）の話をしていても、地震前はずいぶん昔だなと感じました。三月から十二月。わずか9カ月間が、倍以上に感じる長い日々でした。

でも、貴重な経験をしたことはたしかです。それは三つ。

まず何よりも、あれだけの大災害のなか、親子で無事生き残れたこと。取っておいた震災翌日の新聞を目にすると、今でも私の手は震え、最後まで読めないのですが……。

次に、食料やライフラインの大切さを知り、家族一丸《いちがん》になったこと。人間が生きていくために、水と食料がこんなに大事であることに改めて気づかされました。

「いいかげん、トイレに捨てなよ！」

友人に怒られても、私は四月にくんだポリタンクの水を捨てられず、今も台所の隅に置いてあります。お風呂の浴槽も未《いま》だに空にできません。

最後に、人の温かさを知ったこと。

近所の人をはじめ、援助物資やボランティアなど有形無形の善意、全国から寄せられた多くの応援メッセージ。それらを心の支えにして、頼りない私がなんとかここまで過ごせたのです。


「どこから来たんですか」

「宮城です」

「被災地じゃないですか！　だいじょうぶですか？」

秋に、仕事で東京に行った時、電車で会った見知らぬ人に被災地から来たというだけで驚かれました。

（外国から来た人みたいな言いかただった。それだけ、全国の人が心配してくれているんだ）

帰りの新幹線で、被害は軽くても、自分も、まぎれもなく被災者なのだと感じました。

最終列車から降りると、仙台駅のホームで被災地復興支援ステッカー「がんばっぺ!!東北!」を目にしました。駅の階段や改札口で、のんびりと歌うような東北弁を聞くと、私は胸がいっぱいになりました。

(ここまで来たから。これからも、ここでやっていけるかもしれない)

震災を乗り切り、かすかな自信がついたのかもしれません。

(ガレキの残る街、でも私の大好きな東北)

生まれ育った街じゃないけれど、もうふるさとに近いなあと思いました。

**地震の教訓40**　被災を乗り越えた時、新たな自信が芽生《めば》える

# あとがき

この本は、私のブログ「ひが栞のテーマ」の中の地震コミックエッセイをもとに、ほとんどを新たに書下ろし、1冊になりました。

震災直後、私は文章やまんがを書く気力がなく、ただ地震に怯える日々でした。それでも、なぜか自分の心の片隅で（毎日、いろいろなことが起きる……これは時間が経てば忘れる）と思い、ノートの端《はし》に走り書きをしていました。「1日目、体育館に避難。のせてもらう」「2日目、新聞読む」ここに途中から長い文や絵が加わり、震災後1カ月まで続きました。

そして、震災7日目からコミックエッセイをブログで書き始めたのですが、出版化にあたり壁がありました。被害の軽い自分が被災経験を書いて、おこがましくないのか、ということです。私の経験は、被災地では珍しいものではないかもしれません。「被災地のふつう」と言っても過言ではありません。ただ、迷い悩むうちに報道された被災地の事実ではなく、経験者の等身大の真実を自分なりの目線で飾らずに書くことが大切だと感じました。

とは言え、本格的に文章を書き進めたのは、震災後半年過ぎてから。心の傷跡に残るかさぶたを剝《は》がすようなもので、精神的に追い詰められた時もしばしばでした。泣きながらガレキを描いた日もありました。そんななか、書いているうちに震災直後の喜怒哀楽、被災地ならではの風景……さまざまな思いがよみがえりました。被災経験を話すことで、被災者の心は癒されると言われますが、私もそのひとりです。

書き終えた今は、当初の壁を乗り越え心身ともに成長した気がします。辛抱《しんぼう》強く支えてくれた編集の飯島さん、ありがとうございました。

この本は、私のはじめての本なので、粗削《あらけず》りで読みづらいところもあります。そんな本を手に取り、最後まで読んでくださって本当にありがとうございます。大震災で生き残れた意味も含めて、私には一生忘れられない本になりました。

読んでくださった方、家族、すべての人にとって平安な日々になりますように。

二〇一二年三月

ひが　栞《しおり》

東日本大震災で犠牲になられた方々のご冥福をお祈り申し上げますとともに、被災された方々に心よりお見舞い申し上げます。

本書の収益の一部を、被災者の方々への義援金として寄付させて頂きます。

生き残ってました。

# 一〇〇字書評

切り取り線

**購買動機**（新聞、雑誌名を記入するか、あるいは○をつけてください）

- □ （　　　　　　　　　　　　　　）の広告を見て
- □ （　　　　　　　　　　　　　　）の書評を見て
- □ 知人のすすめで
- □ タイトルに惹かれて
- □ カバーがよかったから
- □ 内容が面白そうだから
- □ 好きな作家だから
- □ 好きな分野の本だから

●最近、最も感銘を受けた作品名をお書きください

●あなたのお好きな作家名をお書きください

●その他、ご要望がありましたらお書きください

| 住所 | 〒 | | | | |
|---|---|---|---|---|---|
| 氏名 | | 職業 | | 年齢 | |

| 新刊情報等のパソコンメール配信を<br>希望する・しない | Eメール | ※携帯には配信できません |
|---|---|---|

## あなたにお願い

この本の感想を、編集部までお寄せいただけたらありがたく存じます。今後の企画の参考にさせていただきます。Eメールでも結構です。

いただいた「一〇〇字書評」は、新聞・雑誌等に紹介させていただくことがあります。その場合はお礼として特製図書カードを差し上げます。

前ページの原稿用紙に書評をお書きの上、切り取り、左記までお送り下さい。宛先の住所は不要です。

なお、ご記入いただいたお名前、ご住所等は、書評紹介の事前了解、謝礼のお届けのためだけに利用し、そのほかの目的のために利用することはありません。

〒一〇一-八七〇一
祥伝社黄金文庫編集長　吉田浩行
☎〇三（三二六五）二〇八四
ohgon@shodensha.co.jp

祥伝社ホームページの「ブックレビュー」からも、書けるようになりました。
http://www.shodensha.co.jp/bookreview/

祥伝社黄金文庫

# 生《い》き残《のこ》ってました。
## 主婦《しゅふ》まんが家《か》のオタオタ震災体験記《しんさいたいけんき》

平成24年3月20日　初版第1刷発行

著　者　ひが 栞《しおり》
発行者　竹内和芳
発行所　祥伝社《しょうでんしゃ》
〒101－8701
東京都千代田区神田神保町3－3
電話　03（3265）2084（編集部）
電話　03（3265）2081（販売部）
電話　03（3265）3622（業務部）
http://www.shodensha.co.jp/

印刷所　図書印刷
製本所　図書印刷



Printed in Japan　© 2012, Shiori Higa　ISBN978-4-396-31570-2 C0147

# 祥伝社黄金文庫

曽野綾子

## 〈敬友録〉「いい人」をやめると楽になる

縛《しば》られない、失望しない、傷つかない、重荷にならない、疲れない〈つきあいかた〉。「いい人」をやめる知恵。

曽野綾子

## 〈安心録〉「ほどほど」の効用

失敗してもいい、言い訳してもいい、さぼってもいい、ベストでなくてもいい息切れしない〈つきあいかた〉。

曽野綾子

## 〈幸福録〉ないものを数えず、あるものを数えて生きていく

「数え忘れている〝幸福〟はないですか?」幸せの道探しは、誰にでもできる。人生を豊かにする言葉たち。

曽野綾子

## 〈救心録〉善人は、なぜまわりの人を不幸にするのか

たしかにあの人は「いい人」なんだけど…。善意の人たちとの疲れない〈つきあいかた〉。

曽野綾子

## 運命をたのしむ

すべてを受け入れ、少し諦《あきら》め、思い詰めずに、見る角度を変える…生きていることがうれしくなる一冊!

曽野綾子

## 原点を見つめて

かくも凄《すさ》まじい自然、貧しい世界があったのか。しかし、私たちは、そこから出発したのだ。

# 祥伝社黄金文庫

小林由枝《ゆきえ》　京都でのんびり

知らない道を歩くと、京都がますます好きになります。京都育ちのイラストレーター、とっておき情報。

小林由枝　京都をてくてく

『京都でのんびり』の著者が贈るお散歩第2弾！　ガイドブックではわからない本物の京都をポケットに。

杉浦さやか　東京ホリデイ

人気イラストレーターが東京を歩いて見つけた〝お気に入り〟の数々。街歩きを自分流に楽しむコツ満載。

杉浦さやか　よくばりな毎日

シティリビングの人気連載が、本になりました！　杉浦さやか流・毎日を楽しむヒントがいっぱいの1冊。

杉浦さやか　わたしのすきなもの

杉浦さやかの「すきなもの」だけが50コつまった小さなエッセイ集。シティリビングの人気連載書籍化・第2弾。

杉浦さやか　道草びより

まっすぐ帰っちゃ、もったいない！　道草の中で見つけた、小さな出来事をつづったイラストエッセイ。